기탄 교과서 한자가
초등 한자교육의 기준이 되겠습니다

기탄의 교육이념과 함께 하며 자녀 교육을 몸소 실천해 주신 수백만 학부모님의 사랑으로 이제 기탄은 학부모님께 자녀교육의 기본이자 시작으로 인식 되고 있습니다. 값비싼 사교육비를 들이지 않고도 '과연 내 아이를 잘 가르칠 수 있을까?' 하고 의구심을 가졌던 분들도 기탄으로 자신 있게 가르치며 남다른 학습효과를 보고 있다고 이구동성으로 말씀하십니다.

최근 들어 기탄교재로 공부하는 어린이들이 폭발적으로 증가하고 있는 것은 그 동안 타성에 젖어 비싼 사교육에만 의존하던 학부모님들의 의식에 일대 변혁이 일어나고 있다는 증거이며, 자녀교육의 새로운 시작을 알리는 메시지라고 생각합니다.

초등한자의 바이블! 기탄교과서한자입니다

기탄교육은 기탄한자(A~D단계) 이후 학습할 수 있는 한자 학습프로그램을 만들어 달라는 학부모님들의 많은 성원에 힘입어 새롭게 기탄교과서한자를 선보이게 되었습니다. 기탄교과서한자는 기탄한자의 연계 학습프로그램으로 초등교과서 90여권을 총 분석, 10만여 한자어를 정리한 방대한 데이터베이스를 확보하였습니다. 이 중 교과서 출현 빈도, 중학교 교육용 필수 한자 범위 내에서 530여 한자어를 국어, 수학, 사회과 탐구 등 다양한 영역의 한자를 학습하게 했습니다.

 특히 학교별 학력평가시험(일제고사) 부활로 인해 교과별 영역별 성적표에 성취도가 등급화 되는 것을 반영, 초등 교과서에 실린 각 과목의 한자어와 교과서 유형 문장학습으로 예습, 복습의 효과와 기초 논술력까지 길러 줍니다. 뿐만 아니라 한자 카드, 쓰기 보따리, 형성평가가 입체적인 한자 학습을 이끌어갑니다. 또한 중국어에 대한 관심이 늘어가는 것을 고려, 간체자를 익혀 중국어 학습의 연계와 어학능력 계발의 기회를 마련하였습니다. 기탄한자에서 기탄교과서한자까지! 이제 유·초등 한자교육은 기탄한자에 맡겨 주십시오.

부모가 바뀌지 않으면 아이도 바뀌지 않습니다

무조건 비싼 사교육비를 들여서 아이를 남에게 맡긴다고 성적이 좋아지는 것은 아닙니다.
자녀교육은 부모의 사랑과 관심이 있어야 학습효과가 배가됩니다. 이제부터 부모님이 직접 챙겨주세요.
무조건 사교육에 우리 아이들을 맡기기 보다는 아이들 스스로 공부하는 힘을 길러줄 수 있도록 기초교육만큼은 부모님께서 직접 챙겨주세요. 앞으로도 기탄교육은 자녀와 함께 공부할 수 있는 최상의 교재를 만들기 위해 항상 먼저 학부모님의 마음을 들여다 보며 최선의 노력을 다하겠습니다.
기탄을 사랑하는 대한민국 모든 학부모님께 진심으로 감사의 말씀을 드립니다.

(주) 기탄교육 임직원 일동

기탄교과서한자는
초등학교 교과서에 쓰인 한자어를
총체 분석한 어휘력 향상 한자 학습 프로그램입니다

● **초등학교 교과서 90여권을 총분석, 교과서에 쓰인 한자어를 집대성한, 방대한 데이터베이스를 갖추어 학습 한자어를 선정, 발췌하였습니다.**

기탄교과서한자는 지금까지 어떤 학습지사에서도 시도하지 않은 과학적, 실용적인 한자어 선정 작업을 거쳤습니다. 초등학교 교과서 90여권에 쓰인 한자어 분석 작업을 성균관대학교 한문학과 학생들에게 의뢰하여 10만여 한자어를 정리한 방대한 양의 데이터베이스를 갖추었습니다. 이중 교과서 출현 빈도와 실용도, 한자 학습상의 난이도를 고려하고, 중학교 교육용 필수한자의 범위 내에서 530여 한자어를 선정하여 국어, 수학, 사회과 탐구, 음악, 미술 등 다양한 영역에서 실용도 높은 한자어를 학습하게 됩니다. 또한 커리큘럼의 전개 방식은 학습자들이 낱낱의 한자 암기가 아닌, 교과서 예문 유형의 문장 속에서 한자와 한자어의 쓰임을 체득하여 어휘력을 신장시킬 수 있는 한자 학습 프로그램입니다.

● **낱개의 한자 학습 뿐만 아니라 언어 사고력을 높여 초·중·고등학교의 학력 평가와 논술의 기초 능력을 길러 줍니다.**

초·중·고등학교의 시험이 달라집니다. 8년 전 폐지되었던 학교별 학력평가 시험(일제고사)이 시행되고 교과별, 영역별 성적표에 성취도가 등급화 되어 반영됩니다. 또, 2007학년도부터 중·고등 내신평가에서 종전의 단답형 시험유형을 줄이고 논술, 서술형의 시험문항 출제 비중이 50%로 확대되어 집니다. 기탄교과서한자는 초등학교 교과서에 실린 각 과목의 한자어와 교과서 유형 문장 학습으로 학습내용의 예습, 복습의 효과와 논술의 기초 능력까지 길러 줍니다.

● **학습자 스스로 한자의 무궁무진한 조어(造語)기능, 의미 함축 기능, 의미 확인 기능을 직접 체험할 수 있도록 구성하였습니다.**

▶ 기탄교과서한자에서는 기초과정에서 이미 학습한 한자와 새로 배우는 한자를 더하여 교과서에 쓰인 한자어를 익히게 됩니다. 이러한 학습 과정을 통해 한자가 가진 조어력(造語力)을 아이들 스스로 체험해가며 조어와 독해의 원리까지 깨닫게 됩니다.

信 + 用 … 信用 언행이나 약속이 틀림이 없을 것으로 믿음
　 + 義 … 信義 믿음과 의리
　 + 念 … 信念 굳게 믿어 의심하지 않는 마음

▶ 기탄교과서한자에서는 한자의 의미함축 기능을 익혀 전문화된 용어의 이해를 돕고, 아이들이 사용할 수 있게 됩니다. 한자는 뜻글자로서 하나의 한자마다 뜻을 함축하고 있어 전문용어나 고등지식의 습득을 용이하게 합니다.

투수?
… 던질 투(投) 손 수(手)
　그러면 던지는 손. 아하! 던지는 사람
… 사전적 의미
　야구에서 내야의 중앙에 위치하여 포수를 향해 공을 던지는 사람

▶ 기탄교과서한자에서는 한자의 의미 확인 기능을 익혀 언어의 바른 의미를 쉽게 파악할 수 있습니다. 한글로 쓰인 '의사'는 대략 8개 정도의 뜻을 지니고 있어 醫師(의사)인지, 意思(의사)인지, 아니면 義士(의사)인지 알기 어렵습니다. 그러나 한자를 익히면 의미가 명시적으로 드러나 그 뜻을 바로 확인할 수 있습니다.

의사
… 意思 : 무엇을 하려고 하는 생각이나 마음
… 義士 : 의리와 지조를 굳게 지키는 사람
… 醫師 : 의술과 약으로 병을 고치는 직업에 종사하는 사람

기탄교과서한자는
낱개의 한자 학습 뿐만 아니라 언어 사고력을 높여
논술의 기초 능력까지 향상시키는 프로그램입니다

- **초등학교 교과서에 쓰인 한자어를 학습합니다.**
  초등학교 교과서에 쓰인 중학교 교육용 한자 900자 범위의 한자어를 사용 빈도, 출현 횟수, 한자 학습상의 난이도를 고려하여 학습 한자와 한자어를 선정하였습니다. 이는 종래의 한자 중심의 배열방식에서 벗어나 실용한자를 익혀 학습자의 언어 사고력을 높여 학습능력을 높이는 학습목표를 담아낸 것입니다.

- **한자의 특성을 학습자가 체험하며 깨닫는 원리체험 학습 프로그램입니다.**
  한자가 갖는 문자학적 특징은 조어력, 의미 함축성, 의미 명시성이 있습니다. 기탄교과서한자에서는 학습자가 스스로 이러한 특성을 깨달을 수 있게 됩니다. A~D단계의 학습으로 기초적인 상형, 지사지를 익힌 이이들은 기초적인 한자와 새로 배우게 될 한자의 결합, 즉 조어(造語)과정을 몸소 체험하며 깨달을 수 있게 됩니다. 이러한 경험으로 처음 만나는 단어를 접할지라도 그 의미를 유추하고 파악할 수 있는 능력을 기르도록 개발되었습니다.

- **문학, 인문, 역사, 위인, 실용문 등 다양한 영역의 폭넓은 소재를 통해 한자를 흥미롭게 학습합니다.**
  교과서에 실린 한자어를 교과서 유형의 단문 뿐만 아니라 다양한 글감들을 통해 심화학습하게 됩니다. 동화작가의 창작동화, 위인이야기, 시, 신문, 전래동화 등 문학, 인문, 역사, 위인, 실용문 등을 통해 한자를 흥미롭게 익힐 수 있도록 구성하였습니다.

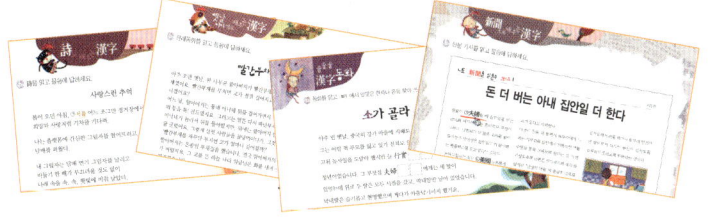

- **기출 한자의 복습 재생으로 파지 효과를 높일 수 있습니다.**
  3주마다 한 번씩 독립된 복습주를 운용하여 학습내용의 파지 효과를 높일 수 있습니다. 또 매 장마다 앞서 배운 한자를 하단에 기재하여 교재내의 사전적 기능을 높이고 자학자습이 가능하도록 구성하였습니다.

- **한자 카드, 쓰기 보따리, 형성평가를 이용한 입체적 학습 방법론을 제시하였습니다.**
  학습지를 읽고 풀이하는 학습과 병행하여 한자 카드를 통한 훈음 기억 학습, 쓰기 보따리를 이용한 한자 암기 학습, 형성평가를 통한 자가 진단 등 주교재 이외의 학습 도구를 제시하였습니다. 이러한 보조교재들을 통해 아이들은 지루하지 않게 한자를 익히고 실력을 향상 시킬 수 있습니다.

- **간체자를 익혀 중국어 학습의 연계와 어학 능력 계발의 기회를 마련하였습니다.**
  학습 한자에 해당되는 간체자를 제시하여 한자 학습의 실용도를 높였습니다. 간체자를 아이가 모두 암기하지 못하더라도 간체자의 개념을 알게 되고, 중국어 학습에 자발적인 흥미유발의 기회가 될 수 있습니다.

어렸을 때 배운 한자는 평생을 통해 활용됩니다
한자 학습의 중요성이 날로 높아지고 있습니다

● 한자 학습은 왜 필요할까요?

한자 학습은 이제 선택이 아닌 필수가 되었습니다. 우리의 언어 생활에 반드시 필요한 영역이라는 인식과 함께 한자가 지닌 학문적 전이성, 시대적 필요성 등이 재해석 되고 있기 때문입니다.

첫째, 우리말의 70% 이상이 한자어로 이루어졌기 때문에 기본적인 언어 생활에 도움을 줍니다. 곧 우리말을 바르게 이해하고 올바른 국어 생활을 하기 위해서는 한자를 아는 것이 필수적입니다.

둘째, 국어, 수학, 사회, 역사, 외국어 등 다른 학과 공부에 많은 도움을 줍니다. 예를 들어 수학을 공부할 때 분자(分子), 분모(分母), 분수(分數) 등 한자를 알고 있는 아이라면 수학의 개념도 훨씬 더 쉽고 정확하게 이해할 수 있습니다. 이렇게 한자는 타과목의 도구 교과적인 성격을 갖고 있습니다.

셋째, 어휘력과 이해력의 신장으로 문장 의미 파악이 쉬워져 책을 가까이 하는 아이로 만들어 줍니다. 한자는 조어력(造語力)과 의미 함축성이 매우 뛰어난 문자입니다. 이러한 이유로 전문서적이나 학술 용어 등은 한자로 표현되어 있습니다. 많은 양의 독서 경험은 곧 아이의 생각하는 힘과 창의력을 길러 줍니다.

넷째, 한자나 한문에는 선인들의 지혜와 윤리관이 배어 있어 바람직한 가치관과 예의범절을 배울 수 있습니다. 고전, 명문 속에 담긴 효행, 우애, 경로 등 사상적인 유산을 통해 바람직한 가치관을 가질 수 있고 나아가 사람이 해야 할 도리, 어른을 공경하는 자세, 학문을 배우는 자세 등도 익힐 수 있습니다.

● 한자 학습의 추세는 어떤가요?

한자 사용을 사대주의적 발상, 중국의 문자 차용이라고 보는 종전의 시각에서 벗어나 이제는 우리 언어의 일부라는 인식이 확대되어 초등학생부터 성인까지 한자 학습 열풍이 불고 있습니다.

첫째, 한자능력검정시험의 자격증이 국가 공인 자격증으로 인정됨에 따라 유아~성인에 이르기까지 한자 학습 붐이 일고 있습니다.

둘째, 21세기의 주역으로 한자 문화권이 급부상함에 따라 중국어, 일본어의 기초로서 한자 학습의 열기가 높아지고 있습니다. 한자는 세계인구의 1/4이 사용하고 있는 국제 문자로서 앞으로 그 중요성은 날로 높아질 것입니다.

셋째, 2005년부터 대학 수학 능력 시험 외국어 영역에 한문 과목이 추가되고 중·고등학교의 시험 출제 유형에서 논술 유형 출제 비중이 높아짐에 따라 한자 학습의 조기 교육이 일반화되어 가고 있는 상황입니다.

넷째, 대부분의 초등학교에서 재량시간으로 한자 학습을 시행하고 있습니다. 70년대 이후 한자 교육을 전혀 받지 못했던 부모님들과는 달리 현재 대부분의 초등학생들이 한자를 배우고 있습니다.

다섯째, 각종 공문서, 도로 표지판 등에 한자를 병기하는 국가 정책과 경제계, 교육계 등 각계의 한자 학습 요구에 대한 발표로 한자 학습의 중요성은 더욱 높아지고 있는 상황입니다.

한자 학습은 아이의 두뇌를 개발해 줍니다
한자 학습의 체계! 기탄한자가 잡아 줍니다

● 한자 학습의 효과는 무엇인가요?

▶ 한자는 그림에서 시작된 문자로서 구체적 이미지 자체가 곧 문자가 되었습니다. 이러한 시각적 이미지를 통한 학습은 곧 아동의 우뇌를 자극해 줍니다.

▶ 한자는 하나의 기초 개념에서 새로운 개념을 창출해 나갑니다. 이러한 과정을 통하여 아동의 창의력, 어휘력을 길러 줍니다.

▶ 한자는 저마다의 뜻, 소리, 모양을 각기 지닌 문자입니다. 이렇게 저마다의 뜻과 소리, 모양을 분석하는 연습을 통해 아동의 좌뇌 발달을 돕습니다.

▶ 한자는 부수와 몸이라는 수많은 부속품들의 조합으로 이루어진 문자입니다. 이러한 부속품들의 분리와 합체 과정을 통해 아이의 좌뇌를 발달하게 하고 논리력, 분석력을 키워 줍니다.

▶ 한자가 갖는 문자학적 특징은 조어력, 의미 함축성, 의미 명시성이 있습니다. 이미 만들어진 한자와 한자를 결합하여 새로운 단어를 만드는 조어력, 의미를 함축적으로 표현할 수 있는 의미 함축성, 의미가 바로 드러나는 의미 명시성이 있습니다.

한자 학습의 연구가 활발히 이루어지는 일본에서는 한자 학습의 시기가 빠를수록 좋다고 합니다. 그것은 우뇌 발달 시기인 6세 이전에 표의문자를 더 쉽게 받아들일 수 있으며, 초등학교 1학년 때가 가장 높은 효과를 보인다는 주장입니다. 그러므로 어른들의 관점으로 한자가 유아들에게 어렵다는 편견은 버려야 하며 한글을 어느 정도 읽을 수 있는 시기라면 한자 학습의 적기라고 할 수 있습니다.

● 기탄한자는 어떻게 구성되었나요?

▶ 기탄한자는 그림과 놀이로 시작하는 기초 한자 과정에서부터 고전명저의 명문장까지 한자 학습의 체계를 세우는 프로그램입니다. 중학교 교육용 한자 900자의 범위에서 기초한자(낱자)과정 ➡ 조어(교과서 한자어)과정 ➡ 문장(고전)과정의 학습까지 한자 학습의 체계를 세우는 학습목표로 개발되었습니다.

▶ 기초한자(낱자)과정(A단계~D단계)에서는 한자를 처음 시작하는 유아에서 한자 학습의 경험이 없는 초등학교 2학년생을 대상으로 상형자, 지사자 등 쉬운 개념의 기초한자 168자를 익히게 됩니다.
시각 이미지를 통한 그림한자의 각인과 다양한 부교재를 통한 놀이 학습으로 재미있게 학습하는 특성을 지니고 있습니다. 또, 최고의 일러스트와 세련된 디자인으로 아동의 정서적 심미감을 기를 수 있는 프로그램입니다. 기존의 한자 교재와는 차별화된 학습 효과를 얻을 수 있습니다.

▶ 조어(교과서 한자어)과정(E단계~G단계)에서는 총 90여권의 초등학교 교과서에 쓰인 모든 한자어를 사용 빈도와 한자 난이도에 따라 분석한 방대한 양의 데이터베이스를 갖추어 156자의 학습 한자와 530여 한자어를 선정하였습니다.

신출 한자와 이미 학습한 기출 한자를 조합하여 새로운 어휘를 만들어 내는 무궁무진한 조어(造語)의 원리를 아이가 스스로 깨달아 이해력과 어휘력이 높은 아이로 자라나게 해줍니다. 또 단편적인 한자 암기 학습에서 벗어나 국어, 수학, 사회, 과학 영역의 다양한 예문 학습과 창작 동화, 인물, 시, 신문, 고전이야기 등의 학습으로 학교 수업에 자신감을 길러 주고 나아가 어휘력, 사고력 향상으로 논술의 기초 능력까지 배양해 줍니다.

구성내용

A·B단계 교재별 구성내용은 이렇습니다

◆ 기탄한자 **A단계** 호별 학습 내용 및 부교재

집	호		학습 한자	학습 한자어	부교재
1집	1	1a ~ 12a	山, 川, 日	강산, 등산/ 하천, 산천/ 日기, 日월	한자 모형 놀이 한자 카드 한자어 카드
	2	13a ~ 24a	月, 火, 水	반월, 月급/ 火산, 火재/ 水영장, 水요일	
	3	25a ~ 36a	木, 金, 土	木수, 식木일/ 金구, 황金/ 국土, 土지	
	4	37a ~ 48a	복습+놀이 학습	복습	
2집	5	49a ~ 60a	一, 二, 三	一등, 통一/ 二층, 二학년/ 三각형, 三총사	한자 창열기 놀이 한자 카드 한자어 카드
	6	61a ~ 72a	四, 五, 六	四방, 四계절/ 五선지, 五월/ 六학년, 六반	
	7	73a ~ 84a	七, 八, 九	북두七성, 七면조/ 八도강산, 八방미인/ 九관조, 九구단	
	8	85a ~ 96a	복습+놀이 학습	복습	
3집	9	97a ~ 108a	十, 百, 千	十자가, 十월/ 百점, 百화점/ 千자문, 千리마	한자 파노라마 놀이 한자 카드 한자어 카드
	10	109a ~ 120a	耳, 目, 口	耳목, 耳비인후과/ 제目, 면目/ 식口, 출입口	
	11	121a ~ 132a	人, 手, 足	人간, 人형/ 手술, 선手/ 足구, 수足	
	12	133a ~ 144a	복습+놀이 학습	복습	
4집	13	145a ~ 156a	田, 石, 玉	유田, 대田/ 石공, 石굴암/ 백玉, 玉동자	한자 브로마이드 한자 카드
	14	157a ~ 168a	力, 大, 小	인力거, 풍力/ 大학생, 大가족/ 小아과, 小인국	
	15	169a ~ 180a	上, 中, 下	上의, 上행선/ 中국, 中심/ 下교, 下인	
	16	181a ~ 192a	복습+총괄 평가+놀이 학습	복습	

◆ 기탄한자 **B단계** 호별 학습 내용 및 부교재

집	호		학습 한자	학습 한자어	부교재
1집	1	1a ~ 12a	犬, 牛, 羊	충犬, 애犬/ 牛유, 牛마차/ 羊모, 백羊	한자 모형 놀이 한자 카드 한자어 카드
	2	13a ~ 24a	父, 母, 子	父모, 父자/ 母녀, 학부母/ 子녀, 여子	
	3	25a ~ 36a	生, 心, 身	生일, 선生/ 心신, 안心/ 身체, 身장	
	4	37a ~ 48a	복습+놀이 학습	복습	
2집	5	49a ~ 60a	車, 士, 己	車도, 자전車/ 군士, 박士/ 자己, 극己	한자 창열기 놀이 한자 카드 한자어 카드
	6	61a ~ 72a	自, 工, 門	自동차, 自연/ 목工, 工장/ 대門, 창門	
	7	73a ~ 84a	刀, 王, 白	단刀, 은장刀/ 王자, 국王/ 白지, 흑白	
	8	85a ~ 96a	복습+놀이 학습	복습	
3집	9	97a ~ 108a	魚, 貝, 鳥	인魚, 魚항/ 貝물, 貝총/ 백鳥, 길鳥	한자 파노라마 놀이 한자 카드 한자어 카드
	10	109a ~ 120a	主, 册, 雨	主인, 主객/ 册상, 공册/ 雨산, 雨의	
	11	121a ~ 132a	風, 里, 竹	風차, 강風/ 里장, 里정표/ 竹림, 竹도	
	12	133a ~ 144a	복습+놀이 학습	복습	
4집	13	145a ~ 156a	草, 花, 馬	약草, 草가/ 무궁花, 花원/ 경馬장, 馬부	한자 브로마이드 한자 카드
	14	157a ~ 168a	男, 女, 夕	男녀, 미男/ 소女, 선女/ 夕양, 추夕	
	15	169a ~ 180a	舌, 齒, 面	작舌차, 舌음/ 齒과, 충齒/ 가面, 수面	
	16	181a ~ 192a	복습+총괄 평가+놀이 학습	복습	

C·D단계 교재별 구성내용은 이렇습니다

◆ 기탄한자 C단계 호별 학습 내용 및 부교재

집	호		학습 한자	학습 한자어	부교재
1집	1	1a ~ 12a	文, 化, 言, 才	文인, 文신/ 化석, 문化/ 言어, 言론/ 다才, 천才	한자 맞추기 놀이 한자 카드 한자어 카드
	2	13a ~ 24a	兄, 弟, 交, 友	兄제, 학부兄/ 의兄弟, 弟자/ 交통, 외交/ 交友, 전友	
	3	25a ~ 36a	多, 少, 血, 肉	多정, 多少, 少녀, 노少/ 심血, 血육/ 肉식, 肉신	
	4	37a ~ 48a	복습+놀이 학습	복습	
2집	5	49a ~ 60a	出, 入, 内, 外	出구, 出생/ 入구, 出入/ 국内, 차内/ 外국, 内外	한자 병풍 놀이 한자 카드 한자어 카드
	6	61a ~ 72a	去, 來, 立, 坐	去래, 과去/ 來일, 미來/ 자立, 立동/ 정坐	
	7	73a ~ 84a	光, 明, 行, 步	光명, 풍光/ 문明, 明월/ 신行, 行진/ 步병, 步행	
	8	85a ~ 96a	복습+놀이 학습	복습	
3집	9	97a ~ 108a	天, 地, 江, 河	天사, 天국/ 천地, 地구/ 江산, 江촌/ 河천, 은河수	한자 주사위 놀이 한자 카드 한자어 카드
	10	109a ~ 120a	毛, 皮, 角, 蟲	毛피, 양毛/ 목皮, 皮혁/ 녹角, 직角/ 초蟲, 해蟲	
	11	121a ~ 132a	古, 今, 衣, 食	古목, 古서/ 古今, 今일/ 우衣, 하衣/ 외食, 초食	
	12	133a ~ 144a	복습+놀이 학습	복습	
4집	13	145a ~ 156a	君, 臣, 兵, 卒	君주, 君신/ 臣하, 충臣/ 兵사, 兵력/ 卒병, 卒업	한자 브로마이드 한자 카드
	14	157a ~ 168a	方, 向, 左, 右	지方, 方향/ 풍向, 남向/ 左우, 左향左/ 右회전, 左右명	
	15	169a ~ 180a	本, 末, 分, 合	근本, 本인/ 末일, 本末/ 分교, 分수/ 合창, 合심	
	16	181a ~ 192a	복습+총괄 평가+놀이 학습	복습	

◆ 기탄한자 D단계 호별 학습 내용 및 부교재

집	호		학습 한자	학습 한자어	부교재
1집	1	1a ~ 12a	靑, 赤, 音, 色	靑산, 靑년/ 赤색, 赤십자/ 音악, 音색/ 色백, 色지	한자 맞추기 놀이 한자 카드 한자어 카드
	2	13a ~ 24a	住, 所, 姓, 名	의식住, 住택/ 所감, 장所/ 姓명, 백姓/ 名작, 지名	
	3	25a ~ 36a	利, 用, 有, 無	利용, 예利/ 공用, 식用/ 有명, 소有/ 無인도, 無례	
	4	37a ~ 48a	복습+놀이 학습	복습	
2집	5	49a ~ 60a	公, 平, 意, 思	公공, 公무원/ 平화, 平야/ 意견, 동意/ 思고, 思상	한자 병풍 놀이 한자 카드 한자어 카드
	6	61a ~ 72a	老, 弱, 貧, 富	老인, 원老/ 弱세, 노弱/ 貧약, 貧혈/ 富귀, 富자	
	7	73a ~ 84a	正, 直, 忠, 孝	正직, 正답/ 直선, 直각/ 忠성, 忠언/ 孝도, 孝녀	
	8	85a ~ 96a	복습+놀이 학습	복습	
3집	9	97a ~ 108a	前, 後, 走, 止	역前, 오前/ 오後, 식後/ 활走로, 경走/ 止혈, 금止	한자 주사위 놀이 한자 카드 한자어 카드
	10	109a ~ 120a	法, 道, 完, 全	法률, 法원/ 道로, 道덕/ 完승, 完성/ 全국, 안全	
	11	121a ~ 132a	善, 惡, 長, 短	善악, 善행/ 惡마, 惡몽/ 長검, 사長/ 장短, 短명	
	12	133a ~ 144a	복습+놀이 학습	복습	
4집	13	145a ~ 156a	世, 界, 國, 家	世계, 출世/ 外界, 정界/ 國왕, 國어/ 家족, 작家	한자 브로마이드 한자 카드
	14	157a ~ 168a	東, 西, 見, 聞	東서남북, 東해/ 西구, 西부/ 발見, 見학/ 신聞, 풍聞	
	15	169a ~ 180a	南, 北, 兒, 童	南극, 南대문/ 北극, 北상/ 유兒, 兒동/ 목童, 童화	
	16	181a ~ 192a	복습+총괄 평가+놀이 학습	복습	

구성내용

E단계 교재별 구성내용은 이렇습니다

◆ 기탄교과서한자 E단계 호별 학습 내용 및 부교재

집	호		학습 한자	학습 한자어		심화 영역		부교재
1집	1	1a~16a	寸京品市	寸：四寸, 外三寸, 四寸間 品：食品, 用品, 作品	京：上京, 京畿道, 京仁線 市：市內, 市場, 市立	창작동화	소중한 지폐 한 장 1	한자 카드 쓰기보따리 형성평가
						고사성어	水魚之交	
						시	사랑스런 추억 – 윤동주	
	2	17a~32a	巨具各曲	巨：巨人, 巨大, 巨木 各：各各, 各自, 各國	具：家具, 道具, 用具 曲：作曲, 曲線, 行進曲	창작동화	소중한 지폐 한 장 2	
						고사성어	他山之石	
						시	봄 – 빅토르 위고	
	3	33a~48a	可由原因	可：可能, 可決, 不可能 原：原子力, 原因, 草原	由：自由, 由來, 理由 因：原因, 因果, 要因	창작동화	슬기로운 재판 1	
						고사성어	見物生心	
						시	절정 – 이육사	
	4	49a~64a	복습	복습		창작동화	슬기로운 재판 2	
						고사성어	漁夫之利	
						시	동방의 등불 – 타고르	
2집	5	65a~80a	同求失反	同：同生, 同行, 合同 失：失手, 失明, 失言	求：求心力, 要求, 求人 反：反面, 反省, 反共	창작동화	닭이 사람과 함께 살게 된 이유 1	한자 카드 쓰기보따리 형성평가
						고사성어	五十步百步	
						시	접동새 – 김소월	
	6	81a~96a	告共首民	告：忠告, 原告, 告白 首：自首, 首弟子, 首相	共：共同, 公共, 共生 民：市民, 國民, 民心	창작동화	닭이 사람과 함께 살게 된 이유 2	
						고사성어	登龍門	
						시	눈 내린 아침 – 이인로	
	7	97a~112a	元先年回	元：元日, 元金, 元來 年：少年, 靑年, 一年	先：先生, 先山, 先王 回：一回用品, 河回, 回轉	창작동화	쇠를 먹는 쥐 1	
						고사성어	馬耳東風	
						시	눈 오는 저녁 – 김소월	
	8	113a~128a	복습	복습		창작동화	쇠를 먹는 쥐 2	
						고사성어	白眉	
						시	만돌이 – 윤동주	
3집	9	129a~144a	不非未必	不：不足, 不公平, 不平 未：未安, 未來, 未完成	非：非行, 是非, 非常口 必：必要, 生必品, 不必要	창작동화	세 친구 1	한자 카드 쓰기보따리 형성평가
						고사성어	多多益善	
						시	삶이 그대를 속일지라도 – 푸슈킨	
	10	145a~160a	知加字幸	知：知人, 知己, 告知 字：文字, 數字, 十字	加：加入, 加味, 加工 幸：多幸, 不幸, 幸福	창작동화	세 친구 2	
						고사성어	聞一知十	
						시	집 – 김영랑	
	11	161a~176a	表形味香	表：表面, 表情, 表明 味：意味, 風味, 口味	形：人形, 三角形, 地形 香：香水, 香氣, 香	창작동화	꿀강아지 1	
						고사성어	知音	
						시	올벼 고개 숙이고 – 이현보	
	12	177a~192a	복습	복습		창작동화	꿀강아지 2	
						고사성어	竹馬故友	
						시	행복 – 한용운	
4집	13	193a~208a	星軍相和	星：行星, 天王星, 北斗七星 相：首相, 人相, 色相	軍：軍人, 國軍, 軍士 和：平和, 和音, 共和國	창작동화	흰 코끼리의 전설	한자 카드 쓰기보따리 형성평가
						고사성어	千里眼	
						시	나그네의 밤 노래 – 괴테	
	14	209a~224a	單別命祖	單：單元, 名單, 食單 命：生命, 人命, 命令	別：別名, 別世, 分別 祖：先祖, 祖上, 祖父母	창작동화	뱀이 기어 다니게 된 이유 1	
						고사성어	朝三暮四	
						시	말 없는 청산이오 – 성혼	
	15	225a~240a	居章異再	居：住居, 居室, 同居 異：異常, 異意, 大同小異	章：文章, 圖章, 樂章 再：再生, 再活用, 再三	창작동화	뱀이 기어 다니게 된 이유 2	
						고사성어	一擧兩得	
						시	〈사랑〉을 사랑하여요 – 한용운	
	16	241a~256a	복습	복습		창작동화	뱀이 기어 다니게 된 이유 3	
						고사성어	溫故知新	
						시	삶의 아침인사 – 애너 리티셔 바볼드	

F단계 교재별 구성내용은 이렇습니다

◆ 기탄교과서한자 F단계 호별 학습 내용 및 부교재

집	호	학습 한자	학습 한자어		심화 영역		부교재
1집	1	1a~16a	仁 仙 信 休	仁 : 仁川, 仁祖, 仁君 信 : 信用, 自信, 信念	仙 : 仙女, 水仙花, 仙人 休 : 公休日, 休火山, 休息	창작동화	달밤에 얻은 행운 1	한자 카드 쓰기보따리 형성평가
						고사성어	天高馬肥	
						전래동화	빨간부채 파란부채	
	2	17a~32a	安 宅 官 容	安 : 未安, 安心, 安全 官 : 法官, 官家, 外交官	宅 : 住宅, 自宅, 宅地 容 : 容恕, 内容, 美容	창작동화	달밤에 얻은 행운 2	
						고사성어	大器晚成	
						전래동화	사만년을 산 사람	
	3	33a~48a	海 洋 漁 洗	海 : 地中海, 東海, 海外 漁 : 漁夫, 漁村, 出漁	洋 : 東洋, 西洋, 海洋 洗 : 洗手, 洗車, 洗面	창작동화	백일홍이야기 1	
						고사성어	孟母三遷	
						전래동화	소금을 만드는 맷돌	
	4	49a~64a	복습	복습		창작동화	백일홍이야기 2	
						고사성어	蛇足	
						전래동화	우렁각시	
2집	5	65a~80a	他 位 俗 保	他 : 他人, 他地, 自他 俗 : 民俗, 風俗, 世俗	位 : 方位, 品位, 單位 保 : 保全, 安保, 保有	창작동화	꾀 많은 장님 1	한자 카드 쓰기보따리 형성평가
						고사성어	梁上君子	
						전래동화	꼭두각시와 목도령	
	6	81a~96a	守 室 客 定	守 : 守則, 保守, 守兵 客 : 主客, 客室, 客地	室 : 室内, 居室, 王室 定 : 一定, 決定, 安定	창작동화	꾀 많은 장님 2	
						고사성어	良藥苦於口	
						전래동화	잊으라 한 건 안 잊고	
	7	97a~112a	林 村 材 校	林 : 山林, 國有林, 竹林 材 : 木材, 石材, 人材	村 : 山村, 漁村, 民俗村 校 : 下校, 校長, 校門	창작동화	바보 영웅 이야기 1	
						고사성어	座右銘	
						전래동화	반쪽이	
	8	113a~128a	복습	복습		창작동화	바보 영웅 이야기 2	
						고사성어	矛盾	
						전래동화	고양이와 푸른 구슬	
3집	9	129a~144a	決 洞 注 流	決 : 決定, 決心, 可決 注 : 注文, 注意, 注目	洞 : 洞口, 洞長, 仁寺洞 流 : 上流, 交流, 流行	창작동화	괴물 잡는 이발사	한자 카드 쓰기보따리 형성평가
						고사성어	同床異夢	
						전래동화	임자가 따로 있는 요술 궤짝	
	10	145a~160a	便 作 使 代	便 : 便利, 便安, 大便 使 : 使用, 天使, 使臣	作 : 作心三日, 作用, 作品 代 : 古代, 代表, 代身	창작동화	수수께끼 하나	
						고사성어	結草報恩	
						전래동화	배나무골 이도령	
	11	161a~176a	念 志 感 想	念 : 信念, 記念, 一念 感 : 共感, 自信感, 所感	志 : 意志, 同志, 志士 想 : 回想, 思想, 感想	창작동화	행운을 찾아다니는 사나이 1	
						고사성어	井中之蛙	
						전래동화	하늘 나라 밭 구경	
	12	177a~192a	복습	복습		창작동화	행운을 찾아다니는 사나이 2	
						고사성어	近墨者黑	
						전래동화	솜뭉치 꼬리가 된 토끼	
4집	13	193a~208a	計 記 語 詩	計 : 時計, 合計, 生計 語 : 用語, 國語, 言語	記 : 日記, 記入, 記念 詩 : 童詩, 詩人, 三行詩	창작동화	그림자 없는 탑 1	한자 카드 쓰기보따리 형성평가
						고사성어	有備無患	
						전래동화	은혜 갚은 까치	
	14	209a~224a	情 性 進 造	情 : 人情, 友情, 心情 進 : 行進, 進出, 先進國	性 : 性品, 性情, 女性 造 : 造成, 造形, 人造	창작동화	그림자 없는 탑 2	
						고사성어	走馬看山	
						전래동화	두 개가 된 금덩이	
	15	225a~240a	始 好 雲 雪	始 : 始作, 元始, 始祖 雲 : 星雲, 白雲, 青雲	好 : 同好人, 好意, 好感 雪 : 白雪, 雪景, 雪山	창작동화	그림자 없는 탑 3	
						고사성어	螢雪之功	
						전래동화	구렁이 신랑	
	16	241a~256a	복습	복습		창작동화	그림자 없는 탑 4	
						고사성어	苦盡甘來	
						전래동화	바리공주	

구성내용

G단계 교재별 구성내용은 이렇습니다

◆ 기탄교과서한자 G단계 호별 학습 내용 및 부교재

집	호	학습 한자	학습 한자어	심화 영역		부교재
1집	1	1a~16a	果實夫婦美	果:成果, 果實, 靑果, 無花果 實:行實, 實力, 實生活, 口實 夫:工夫, 夫子, 夫人, 漁夫 婦:主婦, 夫婦, 婦人, 婦女子 美:美化員, 美國人, 美人, 美化	인물	마크 트웨인	한자 카드 쓰기보따리 형성평가
					창작동화	소가 골라준 새 신랑 1	
					고사성어	改過遷善	
					기사문	돈 더 버는 아내 집안일 더 한다	
	2	17a~32a	重要活動得	重:重要, 所重, 貴重, 重大 要:必要, 主要, 要求, 要所 活:活用, 生活, 活字, 活力 動:活動, 行動, 動力, 動作 得:所得, 利得, 得失	인물	어네스트 톰슨 시튼	
					창작동화	소가 골라준 새 신랑 2	
					고사성어	錦衣還鄕	
					기사문	컬러식품 좋아좋아	
	3	33a~48a	夜景成功者	夜:夜食, 白夜, 夜光, 夜行 景:風景, 光景, 山景, 雪景 成:成長, 作成, 合成, 完成 功:成功, 功臣, 年功, 功力 者:記者, 富者, 步行者, 老弱者	인물	에디슨	
					창작동화	소가 골라준 새 신랑 3	
					고사성어	管鮑之交	
					기사문	日 간사이 5색 체험관광	
	4	49a~64a	복습	복습	인물	퀴리부인	
					창작동화	소가 골라준 새 신랑 4	
					고사성어	刻舟求劍	
					기사문	재교육기관 노크 해보자	
2집	5	65a~80a	時間空氣集	時:日時, 時代, 同時, 時計 間:人間, 山間, 時間, 中間 空:空中, 空間, 空册, 空想 氣:空氣, 香氣, 日氣, 大氣 集:文集, 集中, 詩集, 集合	인물	장영실	한자 카드 쓰기보따리 형성평가
					창작동화	거짓말 시합 1	
					고사성어	刮目相對	
					기사문	귀성길 차 안에서 게임 한판	
	6	81a~96a	現在協商事	現:表現, 現金, 現地, 出現 在:現在, 所在, 在京, 在來 協:協同, 協力, 協心, 協定 商:商人, 商品, 商去來, 協商 事:人事, 行事, 工事, 記事	인물	록펠러	
					창작동화	거짓말 시합 2	
					고사성어	吳越同舟	
					기사문	폴크스바겐 노·사 대협상	
	7	97a~112a	社會技能部	社:社長, 會社, 社交, 入社 會:大會, 社會, 面會, 立會 技:長技, 技法, 技術, 技能 能:技能, 能力, 可能, 才能 部:部分, 一部分, 外部, 一部	인물	콜럼버스	
					창작동화	말 잘 듣는 효자 1	
					고사성어	羊頭狗肉	
					기사문	국가중대사 국민합의가 필요	
	8	113a~128a	복습	복습	인물	앙리 뒤낭	
					창작동화	말 잘 듣는 효자 2	
					고사성어	完璧	
					기사문	시동 걸면 주행정보 쫙~	
3집	9	129a~144a	問答登場省	問:問安, 問題, 反問 答:問答, 答信, 正答, 回答 登:登山, 登校, 登用 場:市場, 工場, 入場, 場面 省:反省, 自省, 省墓	인물	리스트	한자 카드 쓰기보따리 형성평가
					창작동화	냄새 맡은 값 1	
					고사성어	指鹿爲馬	
					기사문	침체의 잠에 취한 라인강의 기적	
	10	145a~160a	春夏秋冬溫	春:春川, 春香, 立春, 靑春 夏:立夏, 春夏, 夏至 秋:秋夕, 秋風, 春秋 冬:冬至, 立冬, 春夏秋冬 溫:氣溫, 溫室, 溫水	인물	김홍도	
					창작동화	냄새 맡은 값 2	
					고사성어	塞翁之馬	
					기사문	스키장 잘 넘어져야 안 다친다	
	11	161a~176a	貴愛病死敬	貴:貴重, 高貴, 富貴, 貴人 愛:友愛, 愛國, 愛人, 愛犬 病:問病, 白血病, 病室, 病名 死:生死, 死亡者, 不死身, 病死 敬:恭敬, 敬老, 敬老席, 敬語	인물	안중근	
					창작동화	아버지의 유서 1	
					고사성어	難兄難弟	
					기사문	은행나무 천국 부석사 가는길	
	12	177a~192a	복습	복습	인물	황희	
					창작동화	아버지의 유서 2	
					고사성어	四面楚歌	
					기사문	서울과 워싱턴 마음을 열 때다	
4집	13	193a~208a	物件發電書	物:古物, 文物, 人物 件:物件, 事件, 用件 發:發生, 出發, 發明, 發見 電:電力, 電子, 電車, 電氣 書:文書, 古書, 書名	인물	벤자민 프랭클린	한자 카드 쓰기보따리 형성평가
					창작동화	선행과 쾌락 1	
					고사성어	三顧草廬	
					기사문	대한민국은 배달천국	
	14	209a~224a	高低苦樂朝	高:高音, 高溫, 高貴, 高見 低:低溫, 低下, 低利, 低學年 苦:苦生, 苦心, 苦行 樂:音樂, 安樂, 樂山 朝:王朝, 朝夕, 朝會	인물	루소	
					창작동화	선행과 쾌락 2	
					고사성어	脣亡齒寒	
					기사문	중소기업 그곳에도 길이 있다	
	15	225a~240a	眞理學習賞	眞:眞情, 眞空, 眞心 理:心理, 原理, 眞理, 一理 學:學年, 學生, 入學, 見學 習:學習, 風習, 自習 賞:賞品, 孝行賞, 大賞, 賞金	인물	전봉준	
					창작동화	아가씨와 우유 1	
					고사성어	守株待兔	
					기사문	들리지! 눈 쌓은 숲 생명의 소리	
	16	241a~256a	복습	복습	인물	뢴트겐	
					창작동화	아가씨와 우유 2	
					고사성어	臥薪嘗膽	
					기사문	물건값 계산 … 약도 그리기 …	

학부모 여러분, 〈기탄한자〉는 이렇게 지도해 주세요

1. 학습자의 능력보다 낮은 단계에서 시작하세요.

기탄한자 A~G단계는 기초 한자부터 초등학교 교과서에 쓰인 한자어를 학습하는 프로그램입니다. 한글을 아는 유아에서부터 한자 학습의 경험이 있는 초등학교 6학년 학생을 대상으로 개발되었습니다. 그러나 한자 학습의 경험이 있는 아이라도, 학습자의 경험이나 능력보다 낮은 단계에서 시작하는 것이 바람직합니다. 특히 각 단계의 1집부터 순차적으로 학습해 나가는 것은 매우 중요합니다. 간혹 학부모님의 판단에 따라 단계의 생략은 가능하지만 2, 3집부터 시작하는 것은 옳지 않은 진도 진행입니다. 아이가 학습에 부담을 느끼지 않고 한자 공부는 쉽고 재미있다는 느낌을 가질 수 있도록 A단계 1집에서부터 시작하는 것이 가장 이상적인 출발점입니다.

2. 복습호는 반드시 부모님이 함께 해 주세요.

각 집(권)마다 앞서 배운 한자의 복습호가 구성되어 있습니다. 복습호에서는 항상 형성평가를 실시하여 학습 수용도를 점검합니다. 이 때 부모님이 반드시 채점을 해 주시고, 결과에 따라 적절한 칭찬과 동기유발이 필요합니다. 또 복습주마다 구성된 놀잇감(A~D단계)으로 아이와 함께 놀아 주세요.

3. 교재 구입 즉시 분책하여 사용하세요.

〈기탄한자〉는 구입 즉시 분책하여 사용할 수 있도록 매주 학습할 분량이 별도의 책으로 특수제본(4in1시스템)되어 있습니다. 보통 책은 1번 제본하는 것으로 끝나지만 〈기탄한자〉는 무려 5번의 제본 과정을 거쳐 제작되었습니다. 각 호가 끝날 때마다 새 책으로 공부하게 되므로 아이에게 성취감과 기대감을 갖게 하고 학습 효과도 극대화시켜 줍니다.

4. 매일 일정한 시간에 규칙적으로 학습하게 하세요.

하루 5~10분을 학습하더라도 규칙적으로 학습하는 것이 중요합니다. 1호 분량이 1주일(5일) 학습 분량이므로 한번에 억지로 하지 않게 하고, 반대로 너무 많은 양을 한꺼번에 하는 것도 좋지 않습니다. 어렸을 때부터 조금씩 매일매일 공부하는 습관을 길러 주도록 합니다.

5. 부모님이 직접 지도해 주세요.

〈기탄한자〉는 교사 방문 학습지와는 달리 아이 스스로 공부하고 부모님이 체크하는 자율적인 학습 모델을 채택하고 있습니다. 따라서 타 학습지 회사에서는 지도교사에게만 제공하는 지도 지침을 해당 호에 상세히 실었습니다. 각 호의 첫 장에 실린 '이렇게 도와주세요', '이번 주 학습포인트'에서는 한 주 동안의 지도 요점이 기재되어 있고, 각 페이지의 하단에도 지도 요점, 주의 사항 등을 기재하였습니다. 학부모님들이 〈기탄한자〉의 기획의도, 학습목표, 지도방법 등을 쉽게 이해하고 아이들에게 가르치기 편하도록 최대한 배려하였습니다.

6. 이미 익힌 한자는 아이가 실생활 속에서 활용하게 하세요.

아이가 이미 익힌 한자는 실생활 속에서 최대한 많은 사용 기회를 갖게 해 줍니다. 알았던 한자도 오랫동안 사용하지 않으면 잊혀지게 됩니다. 학습된 한자를 신문, 책, 대중매체, 인쇄물 등을 활용하여 확인하게 하고 글을 쓸 때 알고 있는 한자로 표현해 볼 기회를 자주 갖도록 합니다.

단계별 학습 한자와 한자능력검정시험 급수 배정 안내

단계	학습 한자	급수 응시 가이드
A단계	• 8급: 山, 日, 月, 火, 水, 木, 金, 土, 一, 二, 三, 四, 五, 六, 七, 八, 九, 十, 人, 大, 小, 中 • 7급: 川, 百, 千, 口, 手, 足, 力, 上, 下 • 6급·6급II: 目, 石 • 5급: 耳 • 4급II: 田, 玉	A단계에서는 상형자, 지사자 중심의 기초한자 36자를 익혔습니다. 이는 한자능력검정시험 배정한자 중 **8급, 7급 배정한자 31자**와 **상위급수 한자 5자**가 포함됩니다. 학습자의 학년, 나이, 학습수용도에 따라 **8급, 7급** 이내에서 응시용 수험서(기탄급수한자 빨리따기)로 준비한 후 자격증 취득에 도전해 보세요.
B단계	• 8급: 父, 母, 生, 門, 王, 白, 女 • 7급: 子, 心, 車, 自, 工, 主, 里, 草, 花, 男, 夕, 面 • 6급·6급II: 身, 風 • 5급: 牛, 士, 己, 魚, 雨, 馬 • 4급II: 羊, 鳥, 竹, 齒 • 4급: 犬, 册, 舌 • 3급II: 刀 • 3급: 貝	B단계에서는 상형자, 지사자 중심의 기초한자 36자를 익혔습니다. 이는 A단계 학습 한자부터 누적하면 한자능력검정시험 배정한자 중 **8급, 7급 배정한자 50자**와 **상위급수 한자 22자**가 포함됩니다. 학습자의 학년, 나이, 학습수용도에 따라 **8급, 7급** 이내에서 응시용 수험서(기탄급수한자 빨리따기)로 준비한 후 자격증 취득에 도전해 보세요.
C단계	• 8급: 兄, 弟, 外 • 7급: 文, 少, 出, 入, 内, 來, 立, 天, 地, 江, 食, 方, 左, 右 • 6급·6급II: 言, 才, 交, 多, 光, 明, 行, 角, 古, 今, 衣, 向, 本, 分, 合 • 5급: 化, 友, 去, 河, 臣, 兵, 卒, 末 • 4급II: 血, 肉, 步, 毛, 蟲 • 4급: 君 • 3급II: 坐, 皮	C단계에서는 형성자, 회의자를 중심으로 48자의 기초한자를 익혔습니다. 이는 A단계 학습 한자부터 누적하면 한자능력검정시험 배정한자 중 **7급 배정한자 67자, 6급·6급II 배정한자 86자**와 **상위급수 한자 34자**를 익혔습니다. 학습자의 학년, 나이, 학습수용도에 따라 **7급, 6급·6급II** 이내에서 응시용 수험서(기탄급수한자 빨리따기)로 준비한 후 자격증 취득에 도전해 보세요.
D단계	• 8급: 靑, 長, 國, 東, 西, 南, 北 • 7급: 色, 住, 所, 姓, 名, 有, 平, 老, 正, 直, 孝, 前, 後, 道, 全, 世, 家 • 6급·6급II: 音, 利, 用, 公, 意, 弱, 短, 界, 聞, 童 • 5급: 赤, 無, 思, 止, 法, 完, 善, 惡, 見, 兒 • 4급II: 貧, 富, 忠, 走	D단계에서는 형성자, 회의자를 중심으로 48자의 기초한자를 익혔습니다. 이는 A단계 학습 한자부터 누적하면 한자능력검정시험 배정한자 중 **7급 배정한자 91자, 6급·6급II 배정한자 120자**와 **상위급수 한자 48자**를 익혔습니다. 학습자의 학년, 나이, 학습수용도에 따라 **7급, 6급·6급II** 이내에서 응시용 수험서(기탄급수한자 빨리따기)로 준비한 후 자격증 취득에 도전해 보세요.
E단계	• 8급: 寸, 民, 先, 年, 軍 • 7급: 市, 同, 不, 字, 命, 祖 • 6급·6급II: 京, 各, 由, 失, 反, 共, 幸, 表, 形, 和, 別, 章 • 5급: 品, 具, 曲, 可, 原, 因, 告, 首, 元, 必, 知, 加, 相, 再 • 4급II: 求, 回, 非, 未, 味, 香, 星, 單 • 4급: 巨, 居, 異	E단계에서는 형성자, 회의자를 중심으로 48자의 필수한자를 익혔습니다. 이는 A단계 학습 한자부터 누적하면 한자능력검정시험 배정한자 중 **7급 배정한자 102자, 6급·6급II 배정한자 143자**와 **상위급수 한자 73자**를 익혔습니다. 학습자의 학년, 나이, 학습수용도에 따라 **6급·6급II, 5급** 이내에서 응시용 수험서(기탄급수한자 빨리따기)로 준비한 후 자격증 취득에 도전해 보세요.
F단계	• 8급: 室, 校 • 7급: 休, 安, 海, 林, 村, 洞, 便, 記, 語 • 6급·6급II: 信, 洋, 定, 注, 作, 使, 代, 感, 計, 始, 雪 • 5급: 仙, 宅, 漁, 洗, 他, 位, 客, 材, 決, 流, 念, 情, 性, 雲 • 4급II: 官, 容, 俗, 保, 守, 志, 想, 詩, 進, 造, 好 • 4급: 仁	F단계에서는 형성자, 회의자를 중심으로 48자의 필수한자를 익혔습니다. 이는 A단계 학습 한자부터 누적하면 한자능력검정시험 배정한자 중 **7급 배정한자 113자, 6급·6급II 배정한자 165자**와 **상위급수 한자 99자**를 익혔습니다. 학습자의 학년, 나이, 학습수용도에 따라 **6급·6급II, 5급** 이내에서 응시용 수험서(기탄급수한자 빨리따기)로 준비한 후 자격증 취득에 도전해 보세요.
G단계	• 8급: 學 • 7급: 大, 重, 活, 動, 時, 間, 空, 氣, 事, 問, 答, 登, 場, 春, 夏, 秋, 冬, 物, 電 • 6급·6급II: 果, 美, 夜, 成, 功, 者, 集, 現, 在, 社, 會, 部, 省, 溫, 愛, 病, 死, 發, 書, 高, 苦, 樂, 朝, 理, 習 • 5급: 實, 要, 景, 商, 技, 能, 貴, 敬, 件, 賞 • 4급II: 婦, 得, 協, 低, 眞	G단계에서는 형성자, 회의자를 중심으로 60자의 필수한자를 익혔습니다. 이는 A단계 학습 한자부터 누적하면 한자능력검정시험 배정한자 중 **7급 배정한자 133자, 6급·6급II 배정한자 210자**와 **상위급수 한자 114자**를 익혔습니다. 학습자의 학년, 나이, 학습수용도에 따라 **6급·6급II, 5급** 이내에서 응시용 수험서(기탄급수한자 빨리따기)로 준비한 후 자격증 취득에 도전해 보세요.

※ 이 표는 기탄한자 학습 후 한자능력검정시험 자격증 취득의 연계를 위한 지침입니다. 학습자의 학습경험이나 상태에 따라 개별적인 지침이 달라질 수 있습니다.

5호

기탄교과서한자 E단계 2집 65a~80a

E2집
65a-128a

4 in 1 시스템

기탄교과서한자는 학습효과를 극대화하기 위해 매주 학습할 분량이 별도의 책으로 특수제본되어 있습니다.

본 교재는 1권의 책 속에 1주일 학습할 분량의 교재 4권이 들어 있는 4 in 1 시스템으로 제본되어 있습니다. 따라서 4권의 책으로 분리되는 것이 정상적인 제본이며, 호별로 빼내어 학습하시면 아주 효과적입니다.

E2집
5호
65a-80a

초등 교과서 한자어를 총체 분석한 어휘력 향상 한자 학습 프로그램

기탄 한자
교과서

공부한 날   월   일 ~   월   일
          교   반
이름   전화
www.gitan.co.kr

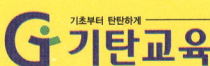

기초부터 탄탄하게
기탄교육

E단계 학습 한자 일람

	E단계						
1집	寸,京,品,市	2집	同,求,失,反	3집	不,非,未,必	4집	星,軍,相,和
	巨,具,各,曲		告,共,首,民		知,加,字,幸		單,別,命,祖
	可,由,原,因		元,先,年,回		表,形,味,香		居,章,異,再
	복습		복습		복습		복습

학습 진단 관리표

	한자		한자어		이번 주는
	읽기	쓰기	읽기	쓰기	
금주평가	Ⓐ아주 잘함	Ⓐ아주 잘함	Ⓐ아주 잘함	Ⓐ아주 잘함	●학습방법 ❶매일매일 ❷가끔 ❸한꺼번에 하였습니다.
	Ⓑ잘함	Ⓑ잘함	Ⓑ잘함	Ⓑ잘함	●학습태도 ❶스스로 잘 ❷시켜서 억지로 하였습니다.
	Ⓒ보통	Ⓒ보통	Ⓒ보통	Ⓒ보통	●학습흥미 ❶재미있게 ❷싫증내며 하였습니다.
	Ⓓ노력해야 함	Ⓓ노력해야 함	Ⓓ노력해야 함	Ⓓ노력해야 함	●교재내용 ❶적합하다고 ❷어렵다고 ❸쉽다고 하였습니다.
	지도 교사가 부모님께				부모님이 지도 교사께

종합평가	Ⓐ아주 잘함	Ⓑ잘함	Ⓒ보통	Ⓓ노력해야 함

1 일차 (65a~67b)
- 다시보기를 통하여 可, 由, 原, 因의 훈, 음, 형, 한자어를 복습합니다.
- 이번 주에 학습할 同, 求, 失, 反의 용례를 문장 속에서 찾아봅니다.
- 要, 省은 아직 배우지 않은 한자이므로 확인하기의 훈음을 참조합니다.

2 일차 (68a~71b)
- 알아보기를 통하여 同, 求, 失, 反의 3요소와 필순, 부수를 학습합니다.
- 한자 同, 失은 모양이 비슷한 한자(回, 矢)의 구별에 유의합니다.

3 일차 (72a~74b)
- 만화로 고사성어 五十步百步의 뜻과 쓰임을 알아보고 적절한 때 사용할 수 있습니다.
- 同, 求와 다른 한자를 결합하여 同生, 同行, 求心力, 求人 등의 한자어를 익힙니다.

4 일차 (75a~77b)
- 동화 '닭이 사람과 함께 살게 된 이유'를 읽고 지금까지 배운 한자를 문장 속에 활용해 학습합니다.
- 失, 反과 다른 한자를 결합하여 失手, 失言, 反面, 反省 등의 한자어를 익힙니다.

5 일차 (78a~80a)
- 김소월의 시 '접동새'를 감상하고 시 속에 쓰인 한자어를 익힙니다.
- 풀어보기, 형성평가를 통해 학습한자를 정리하고 '정신을 집중하면 화살이 바위도 뚫는다'를 통해 이광의 일화를 읽어 봅니다.

1. 다음 빈 칸에 알맞게 쓰세요.

| 可 | 옳을 | | | 말미암을 | 유 |

| 原 | | 원 | 因 | | |

2. 다음 빈 칸에 알맞은 훈음을 쓰세요.

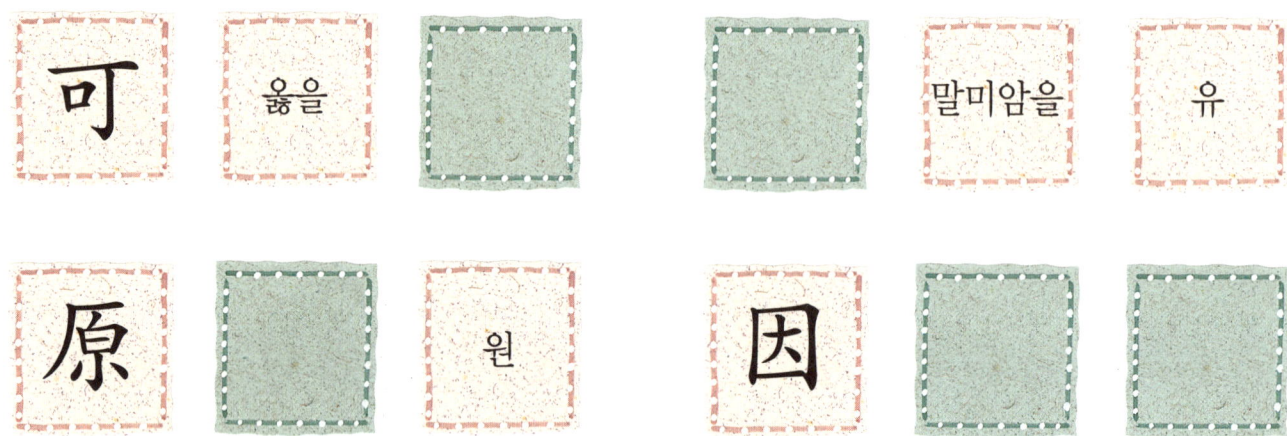

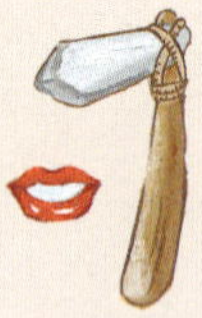

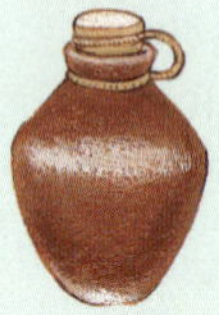

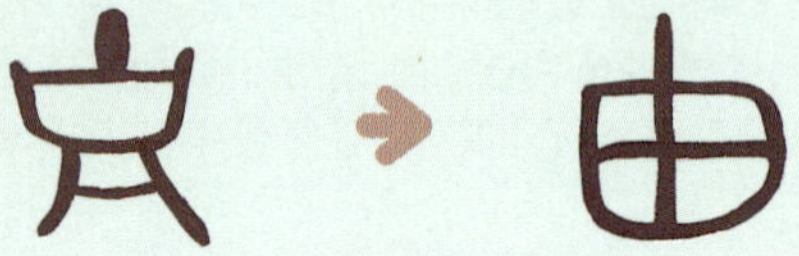

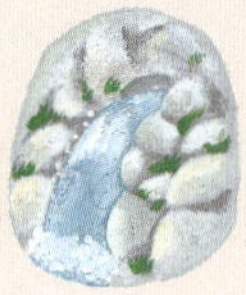

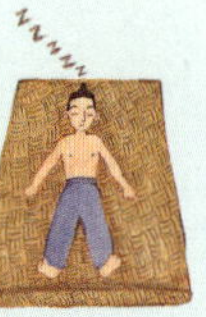

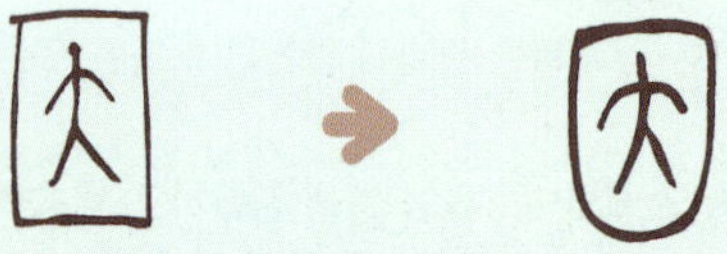

3. 다음 보기 에서 알맞은 한자어를 찾아 쓰세요.

보기: 可能   自由   原因   因果

因果 : 원인과 결과

☐ : 남에게 얽매이거나 구속받거나 하지 않고 자기 마음대로 행동하는 일

☐ : 사물의 말미암은 까닭

可能 : 할 수 있음

4. 다음 보기 에서 알맞은 음을 찾아 쓰세요.

보기: 불가능   원자력   원인   유래

• 내 사전에 **不可能** [불][가][능] 이란 없다!

• 내가 이번 시험을 망치게 된 결정적인 **原因** ☐☐ 은 바로 자만심에 있었다.

• 저 건물이 **原子力** ☐☐☐ 발전소이다.

• 지명의 **由來** ☐☐ 에 관한 이야기를 흥미롭게 읽었다.

同이 쓰인 문장을 읽고 빈 칸에 한자어의 음을 쓰세요.

도무지 내 사촌 **同生(동생)**이 울음을 터뜨린 까닭을 알 수 없었다.

소년은 달콤한 말과 좋은 조건을 제시하면서 그들에게 자신과 **同行(동행)**할 것을 제안했다.

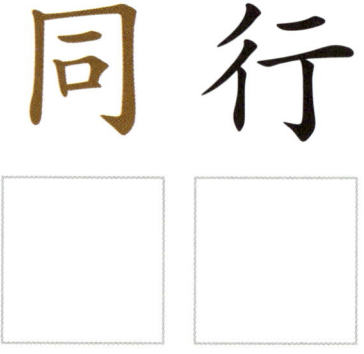

확인하기 生 : 날 생(B1-3)   行 : 다닐/항렬 행/항(C2-7)

찾아보기 求

📖 求가 쓰인 문장을 읽고 빈 칸에 한자어의 음을 쓰세요.

수업 시간에 선생님께서 말씀하셨습니다.
"오늘은 **求心力(구심력)**에 대해 알아볼까? 어떤 물체가 원운동을 할 때 중심으로 쏠리는 힘을 **求心力**이라고 한단다."

求 心 力

"교통 신호를 위반하였습니다. 운전 면허증을 제시해 주십시오." 교통 경찰은 절도있는 목소리로 운전면허증을 **要求(요구)**했다.

要 求

[확인하기] 心 : 마음 심(B1-3) 力 : 힘 력(A4-14) 要 : 요긴할 요(G1-2)

失이 쓰인 문장을 읽고 빈 칸에 한자어의 음을 쓰세요.

점심 시간에 어처구니 없는 **失手(실수)**를 저지르고 말았다.

얼마 전 5살 아이가 놀이터에서 놀다 애완견의 배설물로 인하여 **失明(실명)**한 일이 있었다.

확인하기 手 : 손 수(A3-11)   明 : 밝을 명(C2-7)

反이 쓰인 문장을 읽고 빈 칸에 한자어의 음을 쓰세요.

남부 지방 김치는 고춧가루를 많이 넣어 맵게 담근다. **反面(반면)** 북부 지방 김치는 양념이 적고 국물이 많게 담근다.

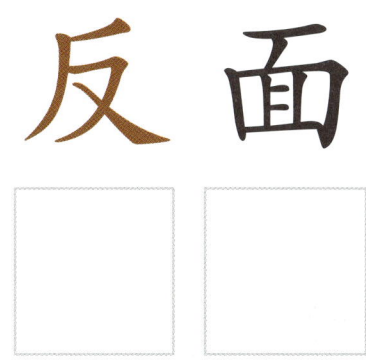

프랭클린은 "오늘은 어떤 선행을 할 것인가?"라는 물음으로 하루를 시작하였고, "오늘은 어떤 선행을 하였는가?"라는 물음으로 자신을 **反省(반성)**했습니다.

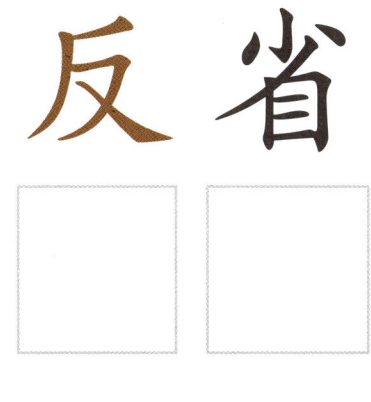

面 : 얼굴 면(B4-15)   省 : 살필/덜 성/생(G3-9)

📖 同의 훈과 음을 읽어 보세요.

훈 : 같을   음 : 동

🔍 同이 만들어진 유래를 알아보세요.

凡 + 口 ➡ 同

무릇 범   입 구

凡(무릇 범)과 口(입 구)가 합하여진 한자입니다. 윗부분은 凡으로 대부분이란 뜻을 나타내고 아랫부분은 口로 말하다란 뜻을 나타냅니다. 대부분의 사람들이 같은 말을 한다는 데서 같다 또는 함께, 한가지를 뜻합니다.

✏️ 빈 칸에 알맞게 쓰세요.

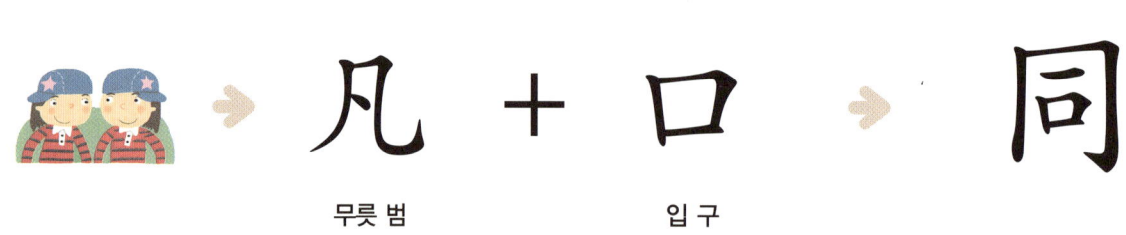

同은 [凡 (무릇 범)]과 [   ] (입 구)를 합한 한자로

훈은 [   ] 이고, 음은 [   ] 입니다.

확인하기 凡 : 무릇 범   口 : 입 구(A3-10)

🌙 同의 부수와 총획수를 알아보고 빈 칸에 알맞게 쓰세요.

| 同 같을 동 | 부수 - 口　　총획 - 6획 ▶口는 '입 구' 입니다. |

· 同의 **훈**은 [　　] 이고, **음**은 [　　] 입니다.

· 同의 **부수**는 [　　] 이고, **총획**은 [　　] 입니다.

✏️ 同의 필순을 알아보고 알맞게 쓰세요.

丨 冂 冂 同 同 同

同 同 同 同

확인하기 · 同은 모양이 비슷한 回(돌 회)와 구별에 유의합니다.

기탄한자 **E2-68b**

📖 求의 훈과 음을 읽어 보세요.

훈:구할 음:구

🔍 求가 만들어진 유래를 알아보세요.

본래는 **짐승의 가죽으로 만든 옷의 모양**을 본떠 만든 한자입니다. 옷을 입어 추위를 피한다는 데서 **구하다, 찾다**를 뜻하게 되었습니다.

✏️ 빈 칸에 알맞게 쓰세요.

求는 짐승의 가죽으로 만든 옷의 모양을 본떠 만든 한자로
훈은 □ 이고, **음**은 □ 입니다.

확인하기 • 求의 부수는 가운데 있는 水(물 수)가 부수라는 점에 유의합니다.

📝 求의 부수와 총획수를 알아보고 빈 칸에 알맞게 쓰세요.

求
구할 구

부수 - 水　　총획 - 7획

▶ 水는 '물 수' 입니다.

· 求의 **훈**은 [　　] 이고, **음**은 [　　] 입니다.
· 求의 **부수**는 [　　] 이고, **총획**은 [　　] 입니다.

✏️ 求의 필순을 알아보고 알맞게 쓰세요.

一 亅 丆 才 求 求 求

확인하기 · 求를 쓸 때에는 오른쪽 위에 있는 점을 가장 나중에 씁니다.

📖 失의 훈과 음을 읽어 보세요.

훈: 잃을 음: 실

失이 만들어진 유래를 알아보세요.

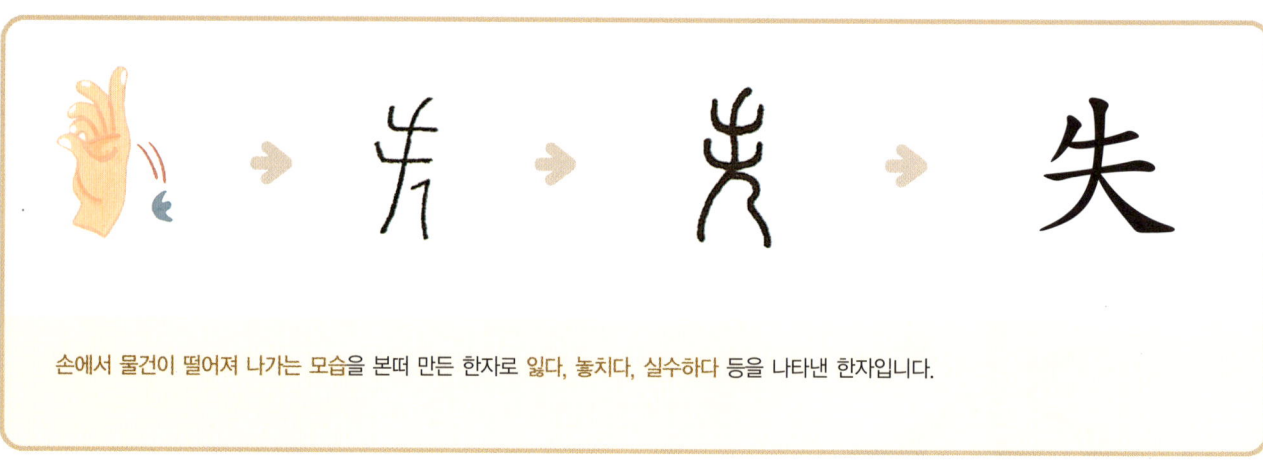

손에서 물건이 떨어져 나가는 모습을 본떠 만든 한자로 잃다, 놓치다, 실수하다 등을 나타낸 한자입니다.

빈 칸에 알맞게 쓰세요.

失은 손에서 물건이 떨어져 나가는 모습을 본떠 만든 한자로
훈은 □ 이고, 음은 □ 입니다.

[확인하기] • 失은 '잃다' 라는 뜻 이외에도 '실패하다' 의 뜻으로도 쓰입니다.

🌏 失의 부수와 총획수를 알아보고 빈 칸에 알맞게 쓰세요.

失
잃을 실

부수 - 大   총획 - 5획

▶大는 '큰 대' 입니다.

· 失의 훈은 [　　] 이고, 음은 [　　] 입니다.
· 失의 부수는 [　　] 이고, 총획은 [　　] 입니다.

✏️ 失의 필순을 알아보고 알맞게 쓰세요.

丿 亠 乍 乍 失

失 失 失 失

확인하기 · 失의 부수는 大(큰 대)라는 점에 유의합니다.   · 失은 夫(남편 부), 矢(화살 시)와 모양이 비슷하므로 비교하여 익힙니다.

📖 反의 훈과 음을 읽어 보세요.

훈: **돌이킬** 음: **반**

📖 反이 만들어진 유래를 알아보세요.

손을 나타내는 又(또 우)와 언덕의 비탈진 경사를 표현한 厂(언덕 한)이 합해져서 손으로 비탈진 언덕을 거슬러 오른다는 데서 돌이키다, 거스르다를 뜻하게 된 한자입니다.

📖 빈 칸에 알맞게 쓰세요.

反은 손을 나타내는 又와 언덕의 비탈진 경사를 표현한 厂을 합한 한자로 훈은 [　　　] 이고, 음은 [　　　] 입니다.

확인하기 又: 또 우   厂: 언덕 한(민엄 호)

🔍 反의 부수와 총획수를 알아보고 빈 칸에 알맞게 쓰세요.

反
돌이킬 반

부수 - 又   총획 - 4획

▶ 又는 '또 우' 입니다.

· 反의 **훈**은 [　　] 이고, **음**은 [　　] 입니다.
· 反의 **부수**는 [　　] 이고, **총획**은 [　　] 입니다.

✏️ 反의 필순을 알아보고 알맞게 쓰세요.

一 厂 斤 反

反 反 反 反

확인하기 · 反을 쓸 때에는 바깥을 먼저 쓰고 안을 나중에 씁니다.

五十步百步

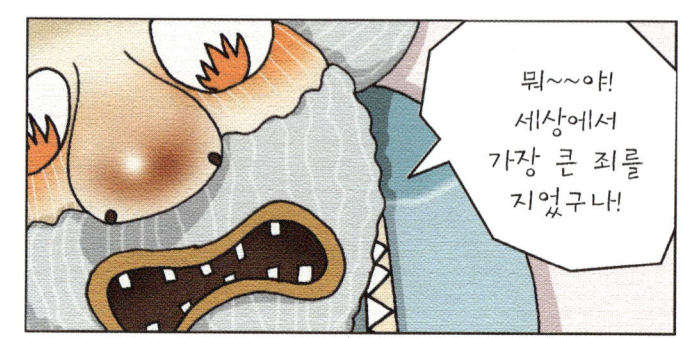

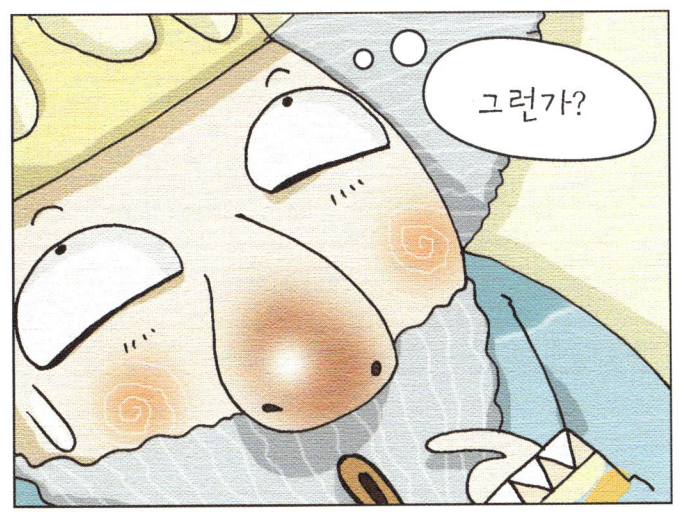

그런가?

오십보백보(五十步百步) 란 말이 있다. 컨닝을 오십 번 했던 백 번 했던 그 죄는 똑같은 것이다. 이제 알았느냐.

五 : 다섯 **오**　　十 : 열 **십**　　步 : 걸을 **보**　　百 : 일백 **백**　　步 : 걸을 **보**

약간의 차이는 있으나 서로 본질적으로 같다는 뜻입니다. 전쟁터에서 오십 걸음을 달아난 병사가 백 걸음을 달아난 병사더러 비겁하다고 비웃는다는 데서 정도의 차이는 있지만 비겁하기는 똑같다는 맹자의 비유에서 유래된 성어입니다.

보기 와 같이 빈 칸에 알맞게 쓰세요.

同生(동생)을 보는 형의 눈빛이 달라졌습니다. 조금 전에 떡을 양보하던 때와는 달랐습니다.

1.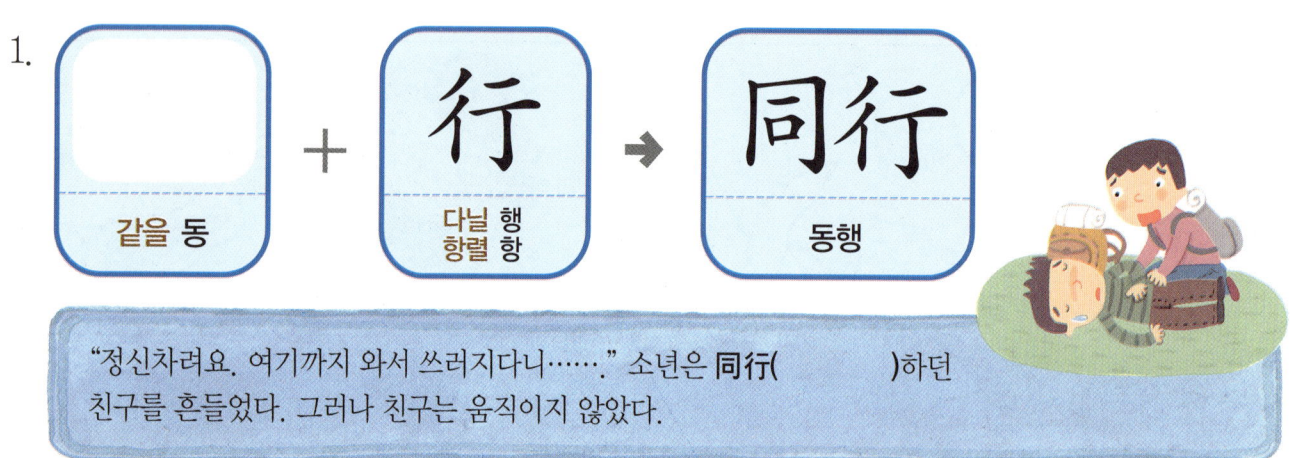

"정신차려요. 여기까지 와서 쓰러지다니……." 소년은 同行(   )하던 친구를 흔들었다. 그러나 친구는 움직이지 않았다.

2.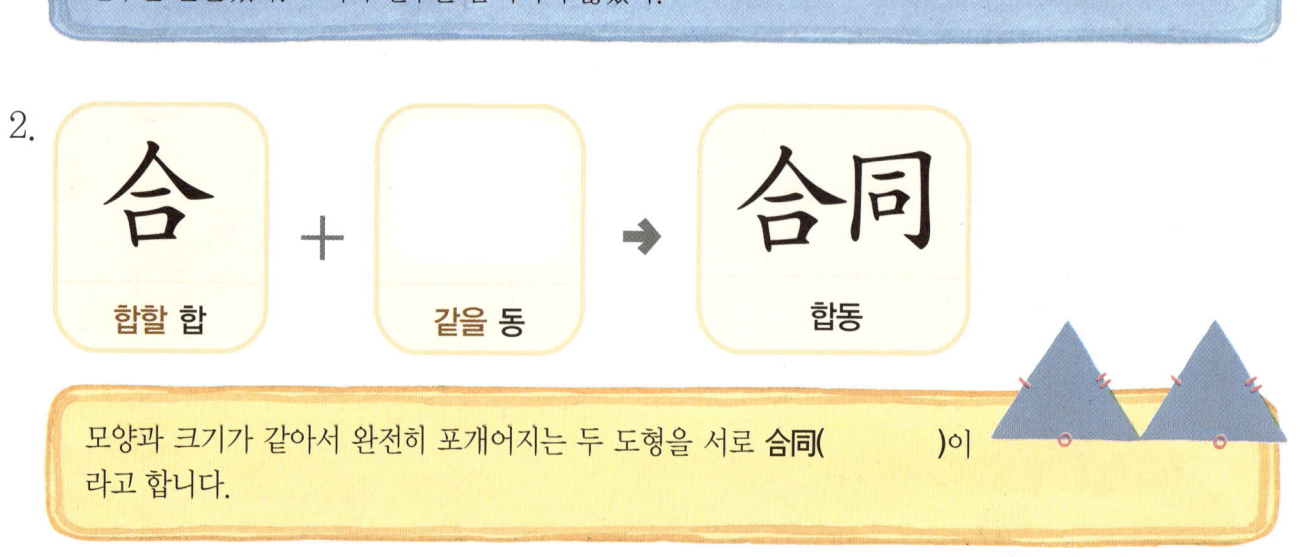

모양과 크기가 같아서 완전히 포개어지는 두 도형을 서로 合同(   )이라고 합니다.

生 : 날 생(B1-3)   行 : 다닐/항렬 행/항(C2-7)   合 : 합할 합(C4-15)

同을 필순에 맞게 쓰세요.

같을 동

빈 칸에 同을 써 넣어 한자어를 만들고, 그 뜻을 읽어 보세요.

| | 生 | | 生 | | 生 |

同生(동생) : 아우와 손아랫누이를 통틀어 일컫는 말

| | 行 | | 行 | | 行 |

同行(동행) : 길을 같이 감. 또는 같이 가는 그 사람

| 合 | | 合 | | 合 | |

合同(합동) : 둘 이상이 모여 하나가 되거나 모아서 하나로 함

기탄한자 E2-73b

보기 와 같이 빈 칸에 알맞게 쓰세요.

저 기계는 **求心力**(구심력)을 이용해서 만들어진 기계입니다.

1.

이처럼 에너지 자원은 한정되어 있지만, 이것을 사용하고자 하는 **要求**(　　　)는 줄지 않고 있다는 데 문제가 있다.

2.

3년째 취업 재수생 신세인 삼촌은 각종 일간지 **求人**(　　　) 광고와 인터넷 **求人** 사이트를 통해 구직 활동을 하고 있다.

확인하기 心 : 마음 심(B1-3)　　力 : 힘 력(A4-14)　　要 : 요긴할 요(G1-2)　　人 : 사람 인(A3-11)

● 求를 필순에 맞게 쓰세요.

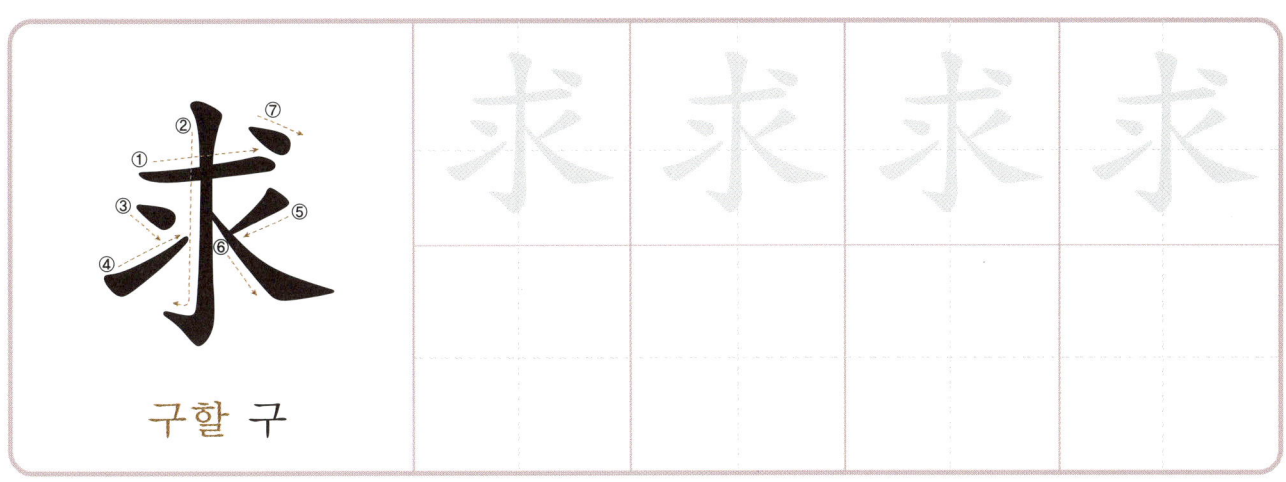

구할 구

● 빈 칸에 求를 써 넣어 한자어를 만들고, 그 뜻을 읽어 보세요.

求心力(구심력) : 물체가 원운동 또는 곡선운동을 할 때 원의 중심으로 쏠리는 힘

 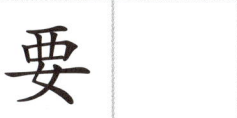  

要求(요구) : 필요한 것이나 받아야 할 것을 달라고 청구함

求人(구인) : 필요한 사람을 구함

술술술 漢字동화

동화를 읽고 보기 에서 알맞은 한자나 음을 찾아 쓰세요.

닭이 사람과 함께 살게 된 이유 1

아주 오래 전엔 닭과 여우가 단짝 친구였답니다. 한 집에 살면서 함께 먹이를 구하러 ☐ 다니는 동지였지요. 이 이야기는 그 때 그 시절로 거슬러 올라갑니다.

하루는 먹이를 구하러 갔던 여우가 황급히 집으로 돌아왔습니다.

"닭아! 큰일났어. 곧 큰 가뭄이 닥칠 거래."

"그래서? 뭐가 어쨌다는 거야?"

"가뭄이 닥치면 먹이 구하기가 힘들어지잖아. 미리 먹이를 모아둬야지."

하지만 여우가 걱정하는 反面 ☐☐ 에 닭은 콧방귀만 뀌었어요.

보기   반면   失   來日   求

"나 참, 주위에 널린 게 다 먹을 건데 무슨 걱정이야? 난 그렇게 힘들게 먹이 모으는 일엔 반대야."

여우는 무척 답답했지만 하는 수 없었습니다.

"좋아, 내일 □□ 부터 내가 먹이를 구하러 다닐테니 넌 먹이나 지키렴. 애써 구한 먹이를 **잃어버리지** □ 말고 잘 모아둬야 해."

다음 날부터 여우는 부지런히 먹이를 모아 날랐습니다.

닭은 나무 아래에 흙을 파고 먹이를 숨겨두었지요.

— 계속 —

面 : 얼굴 면(B4-15)   來 : 올 래(C2-6)   日 : 날/해 일(A1-1)

失로 漢字語 만들기

보기 와 같이 빈 칸에 알맞게 쓰세요.

보기

失 (잃을 실) + 手 (손 수) → 失手 (실수)

집 안에서는 작은 **失手**(실수)나 부주의로 사고가 발생할 수 있습니다.

1.
   ☐ (잃을 실) + 明 (밝을 명) → 失明 (실명)

   어제 길을 걷다 TV에서만 보던 맹인 안내견을 만났다. **失明**(　　　)한 사람들의 눈이 되어 주는 그들은 매우 혹독한 훈련을 거쳐 안내견으로 다시 태어난다.

2.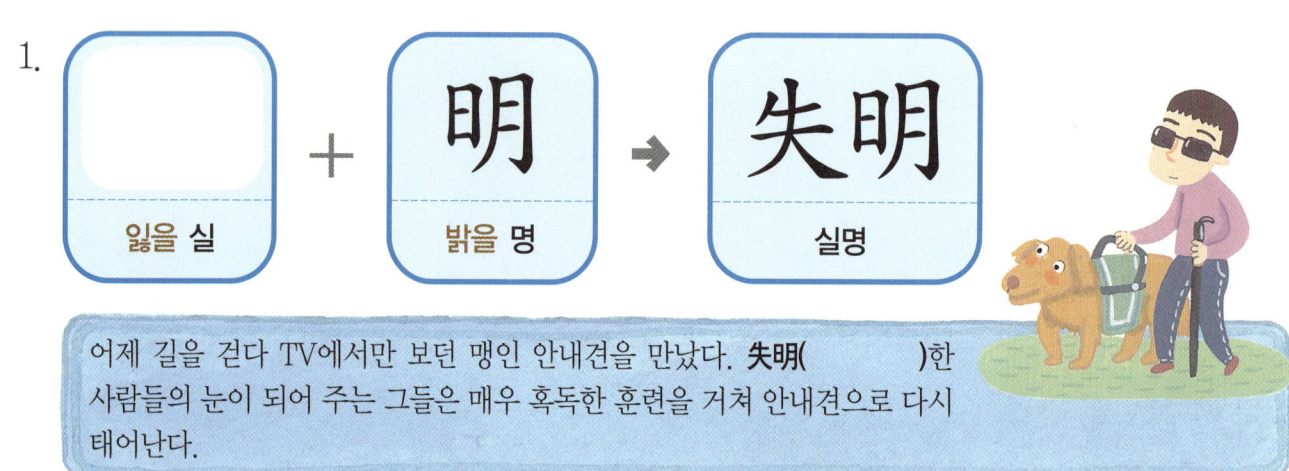
   ☐ (잃을 실) + 言 (말씀 언) → 失言 (실언)

   "영민아, 사람이란 말이 많아지면 또 그만큼 **失言**(　　　)하기가 쉬운 법이란다. 때와 장소를 가려서 말을 하고 말을 하기 전에 한 번 더 생각해 보는 습관을 갖도록 하자."

확인하기 手 : 손 수(A3-11)　　明 : 밝을 명(C2-7)　　言 : 말씀 언(C1-1)

📝 失을 필순에 맞게 쓰세요.

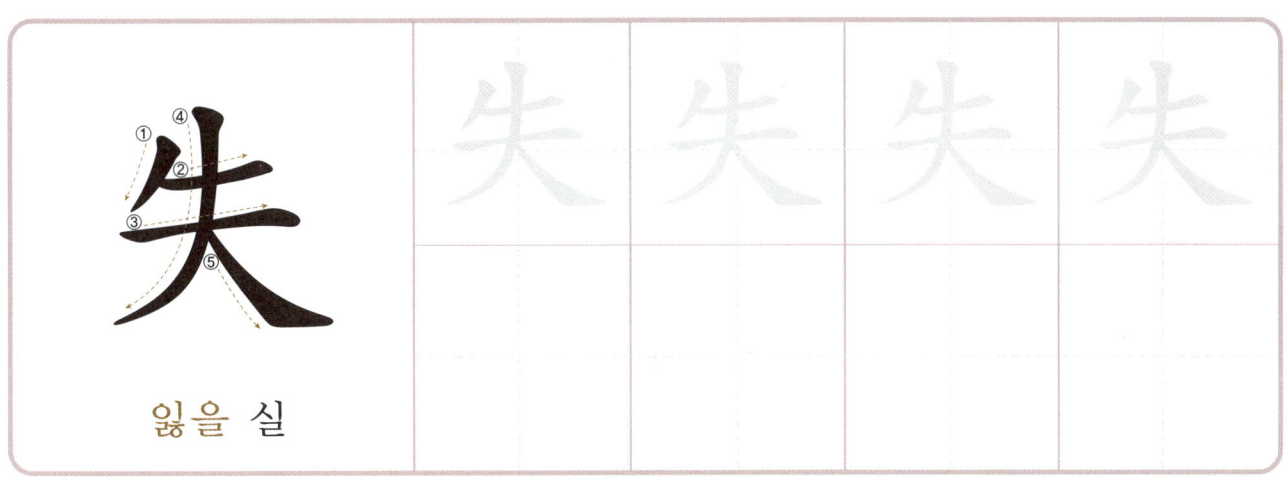

잃을 실

📖 빈 칸에 失을 써 넣어 한자어를 만들고, 그 뜻을 읽어 보세요.

失手(실수) : 부주의로 잘못을 저지름

失明(실명) : 눈이 어두워짐. 시력을 잃음

失言(실언) : 실수로 잘못 말함

反으로 漢字語 만들기

보기 와 같이 빈 칸에 알맞게 쓰세요.

反面(반면)에, 농촌은 자동차와 높은 건물이 많지 않아서 공기가 맑고, 아름다운 자연을 볼 수 있다.

1.

용돈 기입장에 사용한 돈의 내용을 적어 관리하면, 소비 생활을 反省(　　　) 할 수 있고, 다음 계획을 세울 때에도 도움이 됩니다.

2.
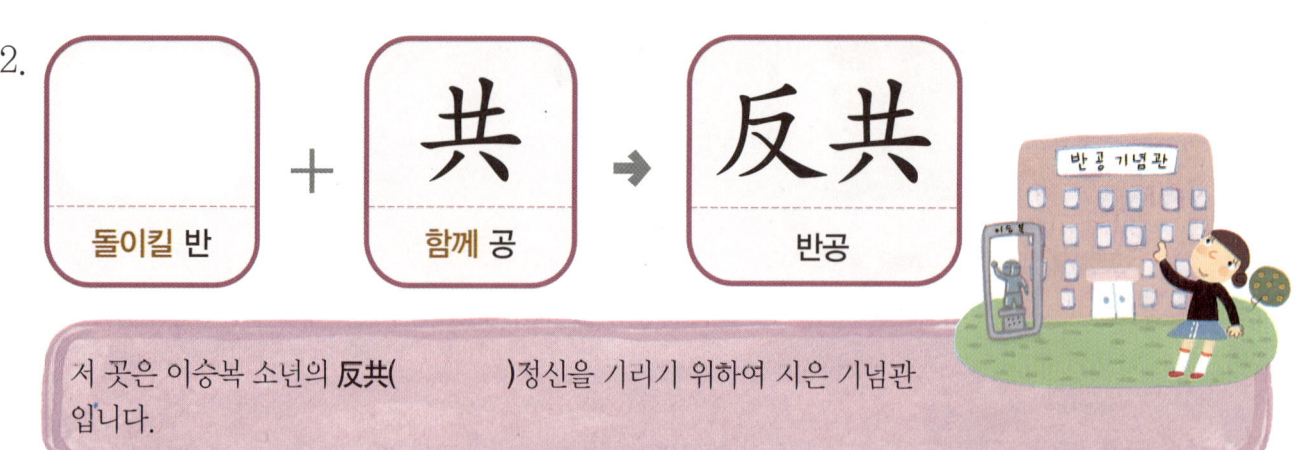

저 곳은 이승복 소년의 反共(　　　)정신을 기리기 위하여 지은 기념관 입니다.

확인하기 面 : 얼굴 면(B4-15)　　省 : 살필/덜 성/생(G3-9)　　共 : 함께 공(E2-6)

反을 필순에 맞게 쓰세요.

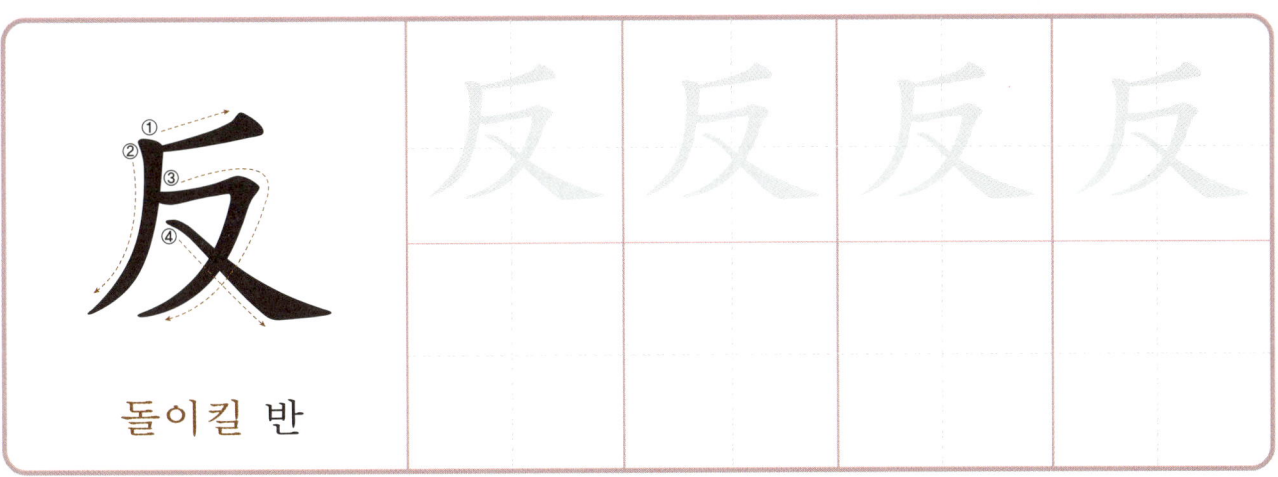

돌이킬 반

빈 칸에 反을 써 넣어 한자어를 만들고, 그 뜻을 읽어 보세요.

 面　 面　 面

反面(반면) : 앞에 말한 것과는 다름을 나타내는 말

 省　 省　 省

反省(반성) : 자기의 언행, 생각 따위의 잘잘못이나 옳고 그름을 깨닫기 위해 스스로를 돌이켜 살핌

　共　　共　　共

反共(반공) : 공산주의에 반대하는 일

詩로 배우는 漢字

📖 詩를 읽고 물음에 답하세요.

접동새
김소월

접동
접동
아우래비 접동

진두강 가람가에 살던 누나는
진두강 앞 마을에
와서 웁니다.

옛날, 우리 나라
먼 뒤쪽의
진두강 가람가에 ㉠<u>살던</u> 누나는
의붓어미 시샘에 죽었습니다.

누나라고 불러 보랴
오오 불설워
시새움에 몸이 죽은 우리 누나는
죽어서 접동새가 되었습니다.

아홉이나 남아 되던 오랩 ㉡<u>동생</u>을
죽어서도 못 잊어 차마 못 잊어
야삼경 남 다 자는 밤이 깊으면
이 산 저 산 옮아가며 슬피 웁니다.

1. ㉠의 뜻에 알맞은 한자를 고르세요.

　① 住　② 主　③ 求　④ 失

2. ㉡을 한자로 바꾸어 쓰세요.

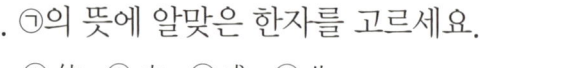

김소월	[金素月, 1902. 8. 6～1934. 12. 24] 본명은 정식이며, 평안북도 구성에서 태어났습니다. 오산학교에 다닐 때 교사였던 김억의 지도 아래 시를 쓰기 시작하여, 1920년에 문단에 데뷔했습니다. 배재고보에 다니던 1922년에 《금잔디》, 《엄마야 누나야》 등을 《개벽》지에 발표하였으며, 같은 해에 《진달래꽃》을 발표하여 크게 주목받았습니다. 1925년에는 그의 유일한 시집인 《진달래꽃》이 간행되었습니다.

이번 주에 배운 한자어를 넣어, 그림의 상황에 어울리게 짧은 글을 지어 보세요.

同生   失手

求人

1. 서로 관련 있는 것끼리 선으로 이으세요.

同	구할	반
求	돌이킬	동
失	잃을	실
反	같을	구

2. 다음 빈 칸에 공통적으로 들어갈 한자를 보기 에서 찾아 쓰세요.

보기   同   求   反   失

☐심력   요☐   ☐인 ……… ☐

합☐   ☐생   ☐행 ……… ☐

☐성   ☐면   ☐공 ……… ☐

☐수   ☐명   ☐언 ……… ☐

3. 다음 밑줄 친 낱말의 뜻에 알맞은 한자를 쓰세요.

 • 거북은 용왕을 위해 토끼의 간을 **구하려고**(　) 뭍으로 갔다.

 • 그 때 나는 순돌이를 **잃어버린**(　) 줄 알고 얼마나 울었던지…….

 • **같은**(　) 얼굴, 같은 성격, 같은 취향, 우리는 마치 쌍둥이처럼 닮아 있었다.

 • 지난 일을 **돌이켜**(　) 본들 무슨 소용이 있을까?

4. 서로 관련 있는 것끼리 선으로 이으세요.

| 反 | 失 | 同 | 求 |

| 又 - 총4획 | 口 - 총6획 | 大 - 총5획 | 水 - 총7획 |

5. 다음 빈 칸에 알맞은 한자어를 보기 에서 찾아 쓰세요.

보기: 求人　　同生　　失手　　反面

 • ☐구 ☐인 광고를 보고 찾아 왔습니다.

 • 소연이는 항상 덜렁대고 ☐실 ☐수 도 자주 하지만 내가 제일 좋아하는 친구이다.

 • 오빠는 운동을 좋아한다. ☐반 ☐면 에 앉아서 책을 읽는 것은 싫어한다.

 • 우리 가족은 할머니, 아빠, 엄마, ☐동 ☐생 그리고 나, 모두 5인이다.

정신을 집중하면
화살이 바위도 뚫는다

옛날 중국의 한나라 초기에 이광이라는 훌륭한 장군이 있었습니다. 그는 무신 가문 출신이었고, 집안 대대로 활쏘기가 뛰어났습니다. 활쏘기의 명수인 이광이 사냥을 갔다가 돌아오는 길에 어두운 숲 속에서 호랑이가 웅크리고 있는 것을 발견하였습니다. 그러자 이광은 정신을 집중하여, 있는 힘을 다해 호랑이를 쏘았습니다. 화살이 정확히 명중하였으나 호랑이는 그대로 꿈쩍도 안했습니다.

호랑이가 꿈쩍을 안하자 이광은 호랑이가 죽은 것이라 생각하고 가까이 가 보았습니다. 그러나 그것은 호랑이가 아니고 바위였습니다. 그런데 신기하게도 화살이 정확히 꽂혀 있었습니다. 이광은 자기의 힘이 그토록 센 것에 스스로 놀라며 다시 쏘아 보았지만, 화살은 더 이상 다시 꽂히지 않고 튕겨져 나가기만 했습니다.

처음에 이광은 호랑이를 잡기 위해 혼신의 힘과 정신을 집중하여 활을 쏘았습니다.
그러나 호랑이가 아닌 것을 안 다음에는 정신을 집중할 수가 없었던 것입니다.
이광은 청렴하게 일생을 살았고 용감한 장수였으나 아쉽게도 흉노족과의 전쟁에서 명령을 이행하지 못하자 자결하고 말았답니다.
사마천은 그를 높이 평가하여 그의 책 《사기》에서 그의 일대기를 칭송하기도 했습니다. 후에 이광이 쏜 그 바위는 호랑이를 쏜 바위란 뜻으로 '사호석(射虎石)' 이라는 이름의 관광 명소가 되었습니다.

射 : 쏠 사   虎 : 범 호   石 : 돌 석(A4-13)

기탄한자 형성평가 E단계 5회

다음 물음에 답하세요.

1. 다음 한자와 음이 바르게 연결된 것을 고르세요.
   ① 反 - 회   ② 求 - 구   ③ 失 - 춘   ④ 同 - 미

2. 다음 한자와 훈이 바르게 연결된 것을 고르세요.
   ① 反 - 으뜸   ② 求 - 머리   ③ 失 - 잃을   ④ 同 - 열굴

3. 다음 빈 칸에 알맞은 한자와 훈음을 쓰세요.

    → 征 → 米 → ☐

4. 다음 설명에 알맞은 한자를 쓰세요.

   손을 나타내는 又(또 우)와 언덕의 비탈진 경사를 표현한 厂(언덕 한)이 합해져 만들어진 한자입니다. 손으로 비탈진 언덕을 기슭의 오른다는 데서 거스르다를 못하게 된 한자입니다. ☐

다음 한자어의 음을 쓰세요.

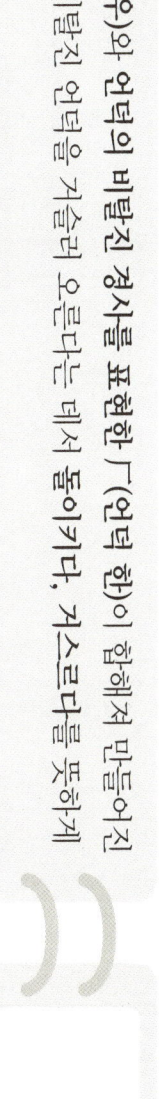

5. 同 生   ☐☐

6. 求 心 力   ☐☐☐

7. 失 手   ☐☐

8. 反 面   ☐☐

다음 〈보기〉에서 알맞은 한자어를 찾아 쓰세요.

〈보기〉 求人   失言   同行   合同

9. 둘 이상이 모여 하나가 되거나 모아서 하나로 함 ☐☐

10. 필요한 사람을 구함 ☐☐

왼쪽의 한자어가 되도록 바르게 연결하세요.

11. 동행 · · 人
12. 구인 · · 行
13. 설명 · · 明
14. 반공 · · 共

· 求
· 同
· 反
· 失

다음 빈 칸에 알맞은 한자어를 고르세요.

15. 누가 나와 함께 ☐ 해 주겠소?
   ① 同生   ② 合同   ③ 同行   ④ 反面

16. 말이 많아지면 아무래도 ☐ 하기가 쉽다.
   ① 失言   ② 失明   ③ 求人   ④ 合同

다음 〈보기〉에서 알맞은 한자어를 찾아 쓰세요.

〈보기〉 同生   求心力   失手   失明

17. 동[ ][ ]
18. 실[ ][ ]명
19. 실[ ][ ]수
20. 구[ ][ ]심[ ][ ]력[ ]

평가 결과 및 향후 진도

정답 수	평가 결과 및 향후 진도
16~20문항	잘했어요. E2집 6호로 진행하세요.
11~15문항	부족해요. 틀린 문제의 한자를 다시 학습한 후 E2집 6호로 진행하세요.
10문항 이하	많이 부족해요. 이번 호를 복습한 후 다음 호로 진행하세요.

E2집 5호 한자 카드 기탄교과서 한자

同
같을 동

求
구할 구

失
잃을 실

反
돌이킬 반

同 求 失 反

같을 동 구할 구 잃을 실 돌이킬 반

同 求 失 反

E단계 5호 해답

65a	1. 가, 由, 근원, 인할, 인
	2. 옳을 가, 말미암을 유, 근원 원, 인할 인
65b	3. 因果, 自由, 原因, 可能
	4. 불가능, 원인, 원자력, 유래
66a	동생, 동행
66b	구심력, 요구
67a	실수, 실명
67b	반면, 반성
68a	口, 같을, 동
68b	같을, 동, 口, 6획
69a	구할, 구
69b	구할, 구, 水, 7획
70a	잃을, 실
70b	잃을, 실, 大, 5획
71a	돌이킬, 반
71b	돌이킬, 반, 又, 4획
73a	1. 同, 동행 2. 同, 합동
73b	同, 同, 同
74a	1. 求, 요구 2. 求, 구인
74b	求, 求, 求
75a	求, 반면
75b	來日, 失
76a	1. 失, 실명 2. 失, 실언
76b	失, 失, 失
77a	1. 反, 반성 2. 反, 반공
77b	反, 反, 反
78a	1. ① 2. 同生

79a 1.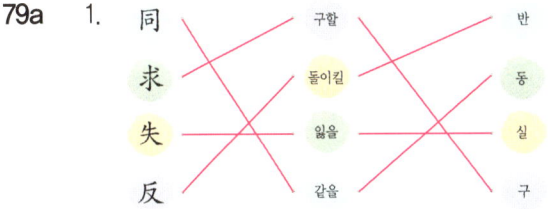

2. 求, 同, 反, 失

79b 3. 求, 失, 同, 反

4.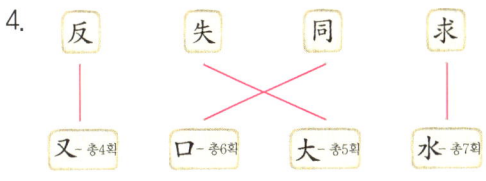

5. 求人, 失手, 反面, 同生

형성평가

1. ②
2. ③
3. 求, 구할 구
4. 反
5. 동생
6. 구심력
7. 실수
8. 반면
9. 合同
10. 求人
11. 동행 — 行
12. 구인 — 人
13. 실명 — 明
14. 반공 — 共
(求—人, 同—行, 反—明, 失—共 연결)
15. ③
16. ①
17. 同生
18. 失明
19. 失手
20. 求心力

펴낸이 : 정지향
펴낸곳 : (주)기탄교육
기획·편집·디자인 : 기탄교육연구소
주소 : 06698 서울특별시 서초구 효령로 40 기탄출판센터
등록 : 제2000-000098호
전화 : (02) 586-1007
팩스 : (02) 586-2337

※ 서점에 갈 시간이 없거나 구하기 어려운 분은 인터넷 또는 전화로 신청하세요. 즉시 우송해 드립니다.

● www.gitan.co.kr

ⓒ (주)기탄교육 All rights reserved.
저작권자의 동의 없이 본 교재를 무단으로 복제하거나 전재하는 것을 금합니다.

E단계에서 배운 한자들

同 같을 동	求 구할 구	反 돌이킬 반
	失 잃을 실	

可 옳을 가	由 말미암을 유	原 근원 원	因 인할 인

寸 마디 촌	京 서울 경	品 물건 품	市 시장 시	巨 클 거	具 갖출 구	各 각각 각	曲 굽을/곡조 곡

받아쓰기

♥ 엄마가 한자나 한자어를 부르고 아이가 받아쓰도록 합니다.

6호

기탄교과서한자 E단계 2집 81a~96a

E2집
65a-128a

E 단계에서 배운 한자들

求 구할 구		
同 같을 동		反 돌이킬 반
	失 잃을 실	

可 옳을 가	由 말미암을 유	原 근원 원	因 인할 인				
寸 마디 촌	京 서울 경	品 물건 품	市 시장 시	巨 클 거	具 갖출 구	各 각각 각	曲 굽을/곡조 곡

♥ 엄마가 한자나 한자어를 부르고 아이가 받아쓰도록 합니다.

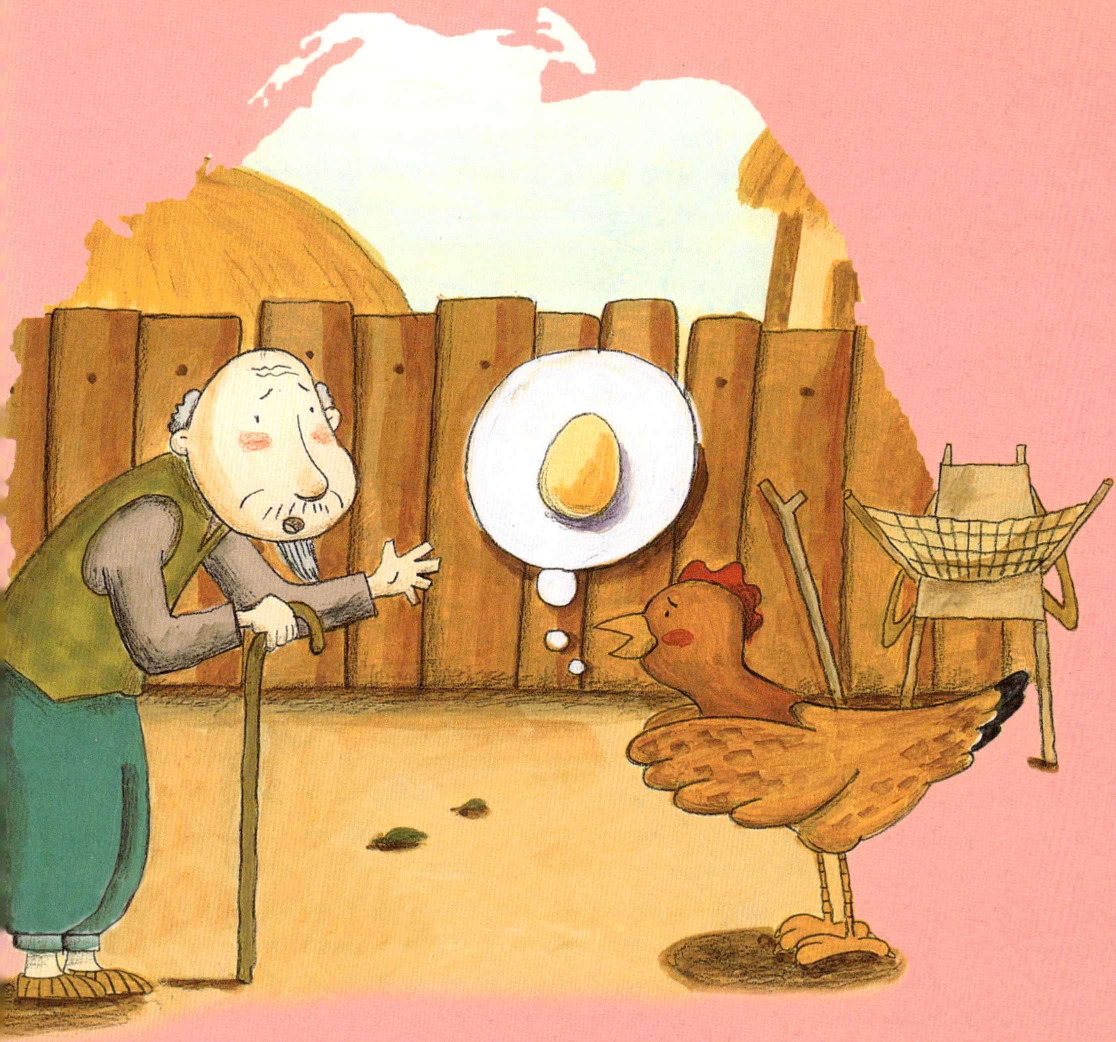

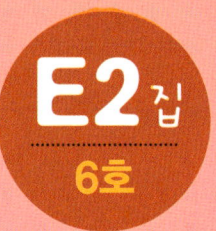

E2집
6호
81a-96a

초등 교과서 한자어를 총체 분석한 어휘력 향상 한자 학습 프로그램

기탄® 교과서 한자

공부한 날 월 일 ~ 월 일
교 반
이름 전화

www.gitan.co.kr

기초부터 탄탄하게
기탄교육

E단계 학습 한자 일람

	E단계						
1집	寸, 京, 品, 市	2집	同, 求, 失, 反	3집	不, 非, 未, 必	4집	星, 軍, 相, 和
	巨, 具, 各, 曲		告, 共, 首, 民		知, 加, 字, 幸		單, 別, 命, 祖
	可, 由, 原, 因		元, 先, 年, 回		表, 形, 味, 香		居, 章, 異, 再
	복습		복습		복습		복습

학습 진단 관리표

	한자		한자어		이번 주는
	읽기	쓰기	읽기	쓰기	
금주평가	Ⓐ 아주 잘함	Ⓐ 아주 잘함	Ⓐ 아주 잘함	Ⓐ 아주 잘함	● 학습방법 ❶ 매일매일 ❷ 가끔 ❸ 한꺼번에 하였습니다.
	Ⓑ 잘함	Ⓑ 잘함	Ⓑ 잘함	Ⓑ 잘함	● 학습태도 ❶ 스스로 잘 ❷ 시켜서 억지로 하였습니다.
	Ⓒ 보통	Ⓒ 보통	Ⓒ 보통	Ⓒ 보통	● 학습흥미 ❶ 재미있게 ❷ 싫증내며 하였습니다.
	Ⓓ 노력해야 함	Ⓓ 노력해야 함	Ⓓ 노력해야 함	Ⓓ 노력해야 함	● 교재내용 ❶ 적합하다고 ❷ 어렵다고 ❸ 쉽다고 하였습니다.
	지도 교사가 부모님께				부모님이 지도 교사께

종합평가   Ⓐ 아주 잘함   Ⓑ 잘함   Ⓒ 보통   Ⓓ 노력해야 함

E2집
81a-96a

이번 주 학습 포인트

1 일차
81a~83b
- 다시보기를 통하여 앞서 배운 한자 同, 求, 失, 反의 훈, 음, 형, 한자어를 복습합니다.
- 이번 주에 학습할 告, 共, 首, 民의 용례를 문장 속에서 찾아봅니다.

2 일차
84a~87b
- 알아보기를 통하여 告, 共, 首, 民의 3요소와 필순, 부수를 학습합니다.
- 부수 학습은 자원 이해를 위해 학습하고 굳이 암기하지 않아도 무방합니다.

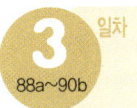
3 일차
88a~90b
- 만화를 통해 고사성어 登龍門의 뜻과 쓰임을 흥미롭게 알아봅니다.
- 告, 共과 다른 한자를 결합하여 忠告, 告白, 共同, 共生 등의 한자어를 익힙니다.
- 造語(조어) 과정을 이해하여 제시된 한자어 이외의 다른 한자어도 만들어 봅니다.

4 일차
91a~93b
- 동화 '닭이 사람과 함께 살게 된 이유'를 읽고 지금까지 배운 한자를 문장 속에 활용해 학습합니다.
- 首, 民과 다른 한자를 결합하여 自首, 首弟子, 市民, 國民 등의 한자어를 익힙니다.

5 일차
94a~96a
- 이인로의 한시 '눈 내린 아침'을 감상하고 시 속에 쓰인 한자를 익힙니다.
- 풀어보기, 형성평가를 통해 학습한자를 정리하고 '어느 꽃이 가장 좋습니까?'의 정순왕후 일화를 읽어 봅니다.

1. 다음 빈 칸에 알맞게 쓰세요.

2. 다음 빈 칸에 알맞은 훈음을 쓰세요.

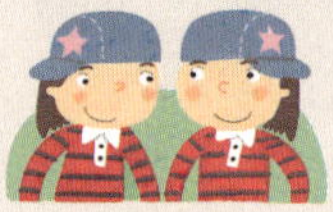

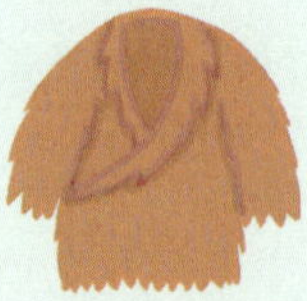

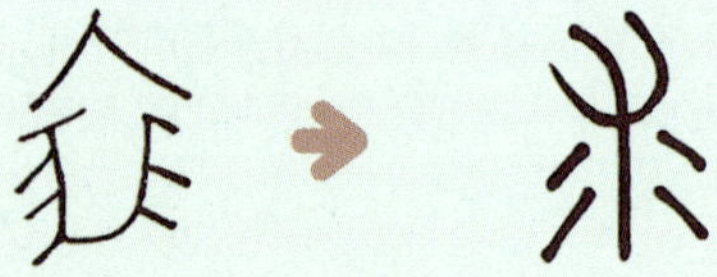

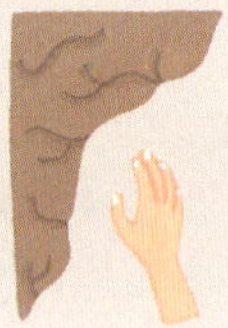

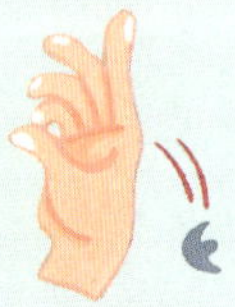

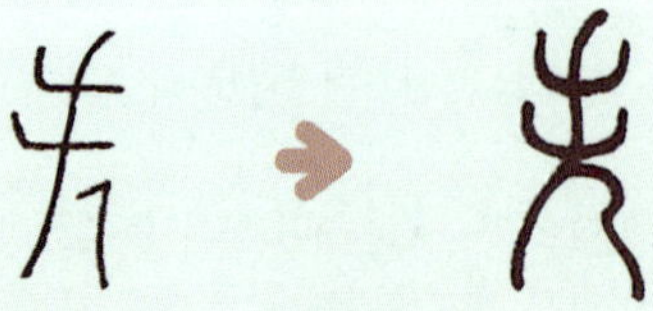

3. 다음 보기 에서 알맞은 한자어를 찾아 쓰세요.

보기: 同行   求人   反面   失手

同行 : 길을 같이 감. 또는 같이 가는 그 사람

☐ : 부주의로 잘못을 저지름

☐ : 필요한 사람을 구함

☐ : 앞에 말한 것과는 다름을 나타내는 말

4. 다음 보기 에서 알맞은 음을 찾아 쓰세요.

보기: 실명   합동   반면   구인

• 세 쌍둥이는 건강히 자랐고 한 날 한 시에 **合同**☐☐ 결혼식까지 올렸다.

• 교통 사고로 주인공이 **失明**☐☐ 했다.

• 이 천은 열에 강한 **反面**☐☐, 습기에는 약하다.

• **求人**☐☐ 광고가 신문에 실렸다.

告 찾아보기

📖 告가 쓰인 문장을 읽고 빈 칸에 한자어의 음을 쓰세요.

칭찬뿐만 아니라 **忠告(충고)**도 기꺼이 받아들이겠습니다.

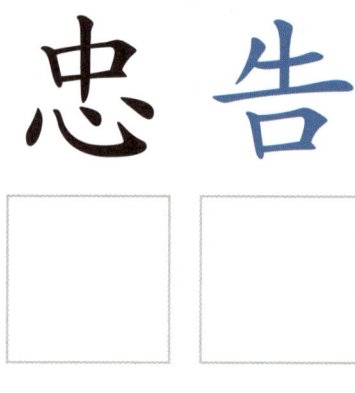

忠 告

☐ ☐

"**原告(원고)** 쪽에서 무엇을 증거물로 제출하였다고 했지요?"

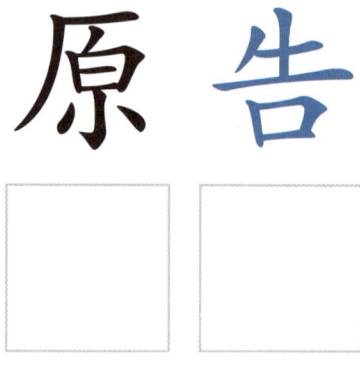

原 告

☐ ☐

확인하기 忠 : 충성 충(D2-7)   原 : 근원 원(E1-3)

共이 쓰인 문장을 읽고 빈 칸에 한자어의 음을 쓰세요.

앞날의 우리 고장의 모습에 대한 **共同(공동)** 작품을 만들어 봅시다.

公共(공공) 장소에서 예절을 지키지 않는 사람에게는 예절을 잘 지키라고 이야기하겠습니다.

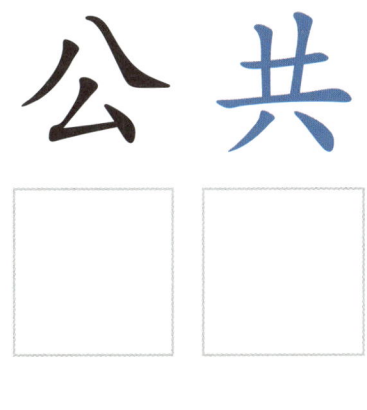

확인하기 同 : 같을 동(E2-5)   公 : 공평할 공(D2-5)

기탄한자 E2-82b

首 찾아보기

首가 쓰인 문장을 읽고 빈 칸에 한자어의 음을 쓰세요.

그 범죄자는 며칠 동안 고민을 한 끝에 결국 **自首(자수)**를 결심하고 경찰서에 제발로 찾아갔습니다.

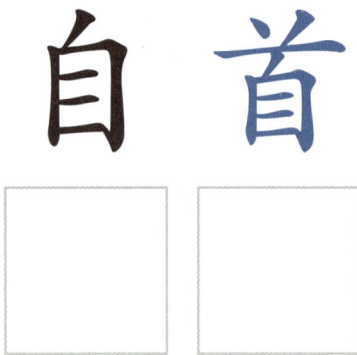

自 首

□ □

그는 동자승 때부터 무예가 뛰어난 주지 스님으로부터 틈틈이 무술을 익혔다. 마침내 주지 스님의 **首弟子(수제자)**가 되었다.

首 弟 子

□ □ □

[확인하기] 自 : 스스로 자(B2-6) 弟 : 아우 제(C1-2) 子 : 아들 자(B1-2)

民이 쓰인 문장을 읽고 빈 칸에 한자어의 음을 쓰세요.

공원은 **市民(시민)**들이 맑은 공기 속에서 운동과 휴식을 즐길 수 있는 장소이다.

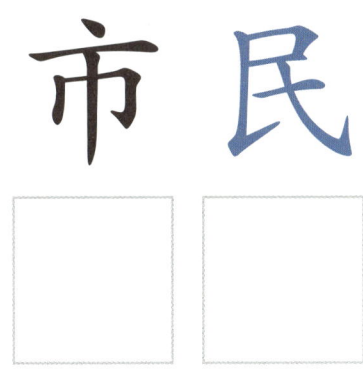

우리 **國民(국민)**들은 높은 교육열로 우수한 인재를 양성하여 기술 수준을 높였습니다.

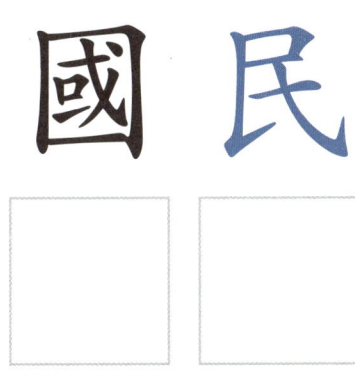

확인하기 市 : 시장 시(E1-1)   國 : 나라 국(D4-13)

📖 告의 훈과 음을 읽어 보세요.

훈 : 알릴 음 : 고

🔍 告가 만들어진 유래를 알아보세요.

牛 + 口 ▶ 告

소 우   입 구

牛(소 우)와 口(입 구)를 합해 만들어진 한자입니다. 소(牛)를 제물로 제단 위에 바쳐 놓고 신에게 소원을 말한다(口)는 데서 알리다, 고하다, 말하다를 뜻합니다.

✏️ 빈 칸에 알맞게 쓰세요.

告는 ☐ (소 우)와 ☐ (입 구)를 합한 한자로

훈은 ☐ 이고, 음은 ☐ 입니다.

확인하기 牛 : 소 우(B1-1)   口 : 입 구(A3-10)

🌙 告의 부수와 총획수를 알아보고 빈 칸에 알맞게 쓰세요.

告
알릴 고

부수 - 口   총획 - 7획

▶口는 '입 구' 입니다.

· 告의 **훈**은 [　　] 이고, **음**은 [　　] 입니다.

· 告의 **부수**는 [　　] 이고, **총획**은 [　　] 입니다.

✏️ 告의 필순을 알아보고 알맞게 쓰세요.

丿 𠂉 ⺧ 生 𠂤 告 告

告 告 告 告

확인하기 • 告는 말이나 글 등을 통해 무엇인가를 알릴 때에 쓰이는 한자입니다.

共의 훈과 음을 읽어 보세요.

훈 : 함께   음 : 공

共이 만들어진 유래를 알아보세요.

두 손으로 물건을 들고 있는 모양을 본떠 만든 한자로 함께, 공동을 뜻하게 되었습니다.

빈 칸에 알맞게 쓰세요.

共은 두 손으로 물건을 들고 있는 모양을 본떠 만든 한자로
훈은 ☐ 이고, 음은 ☐ 입니다.

• 共은 서로 힘을 모아 물건을 받드는 것을 의미하는 한자입니다.

🔍 共의 부수와 총획수를 알아보고 빈 칸에 알맞게 쓰세요.

共
함께 공

부수 - 八   총획 - 6획

▶ 八은 '여덟 팔' 입니다.

- 共의 **훈**은 [　　] 이고, **음**은 [　　] 입니다.
- 共의 **부수**는 [　　] 이고, **총획**은 [　　] 입니다.

✏️ 共의 필순을 알아보고 알맞게 쓰세요.

一 十 卄 共 共 共

共 共 共 共

✅ • 共의 부수는 八(여덟 팔)이라는 점에 유의합니다.   • 共의 부수는 八로 亻(사람 인), 入(들 입)과 구별해야 합니다.

🖐 首의 훈과 음을 읽어 보세요.

훈 : 머리 음 : 수

🔍 首가 만들어진 유래를 알아보세요.

짐승의 머리 모양을 본떠 만든 한자로 머리, 우두머리, 첫째라는 뜻을 나타냅니다.

✍ 빈 칸에 알맞게 쓰세요.

首는 짐승의 머리 모양을 본떠 만든 한자로
훈은 ☐ 이고, 음은 ☐ 입니다.

확인하기 • 머리는 몸의 맨 위에 있어 '우두머리', '처음'의 뜻으로도 쓰입니다.

🌙 首의 부수와 총획수를 알아보고 빈 칸에 알맞게 쓰세요.

首
머리 수

부수 – 首   총획 – 9획

▶ 首는 자기 자신이 부수로 쓰이는 한자입니다. 이런 한자를 '제부수자'라 합니다.

· 首의 **훈**은 [   ] 이고, **음**은 [   ] 입니다.

· 首의 **부수**는 [   ] 이고, **총획**은 [   ] 입니다.

✍ 首의 필순을 알아보고 알맞게 쓰세요.

확인하기 • 首는 주로 '머리'보다는 '으뜸, 첫째'라는 뜻으로 많이 쓰입니다. 머리를 뜻할 때는 주로 頭(머리 두)가 쓰입니다.

📖 民의 훈과 음을 읽어 보세요.

훈:백성   음:민

🔍 民이 만들어진 유래를 알아보세요.

끝이 뾰족한 무기와 눈의 모양을 본떠 만든 한자입니다. 고대 노예제 사회에서 노예의 눈을 날카로운 무기로 시력을 잃게 하던 관습을 나타내어 노예를 뜻하였으나 점차 평민, 백성의 뜻으로 쓰이게 되었습니다.

✏️ 빈 칸에 알맞게 쓰세요.

民은 끝이 뾰족한 무기와 눈의 모양을 본떠 만든 한자로
훈은 [　　] 이고, 음은 [　　] 입니다.

확인하기 • 民은 지금은 일반 사람을 뜻하는 말로 쓰입니다.

🌏 民의 부수와 총획수를 알아보고 빈 칸에 알맞게 쓰세요.

民
백성 민

부수 - 氏   총획 - 5획

▶氏는 '성씨 씨' 입니다.

· 民의 훈은 [　　] 이고, 음은 [　　] 입니다.
· 民의 부수는 [　　] 이고, 총획은 [　　] 입니다.

✍ 民의 필순을 알아보고 알맞게 쓰세요.

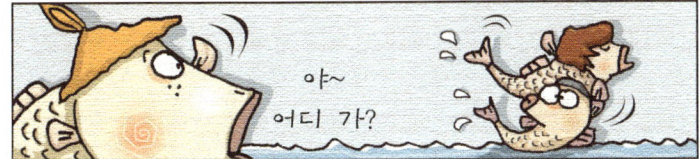

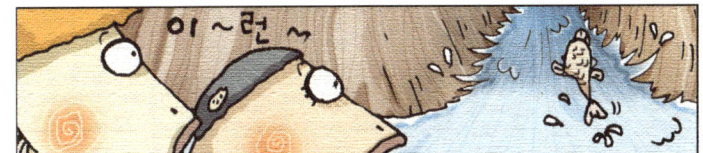

登 : 오를 **등**   龍 : 용 **룡(용)**   門 : 문 **문**

입신출세의 어려운 관문을 뚫고 크게 출세하게 됨을 이르는 말입니다.
잉어가 중국 황하강 급류를 거슬러 지나 용문에 오르면 용이 된다는 고사에서 만들어진 성어입니다.

보기 와 같이 빈 칸에 알맞게 쓰세요.

친구에게 잘못이 있으면 **忠告**(충고)하고 바른 길로 인도하라.

1.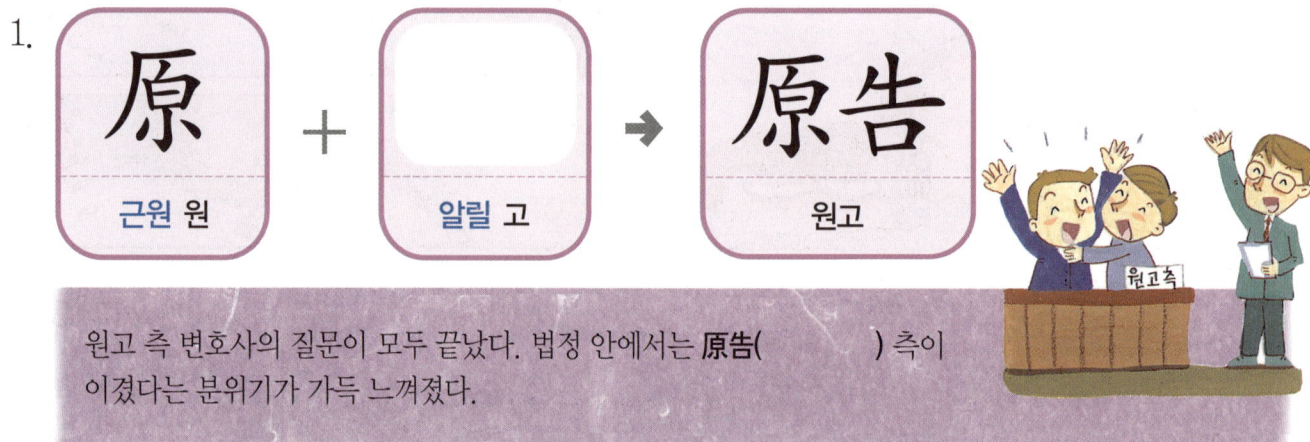

원고 측 변호사의 질문이 모두 끝났다. 법정 안에서는 **原告**(　　) 측이 이겼다는 분위기가 가득 느껴졌다.

2.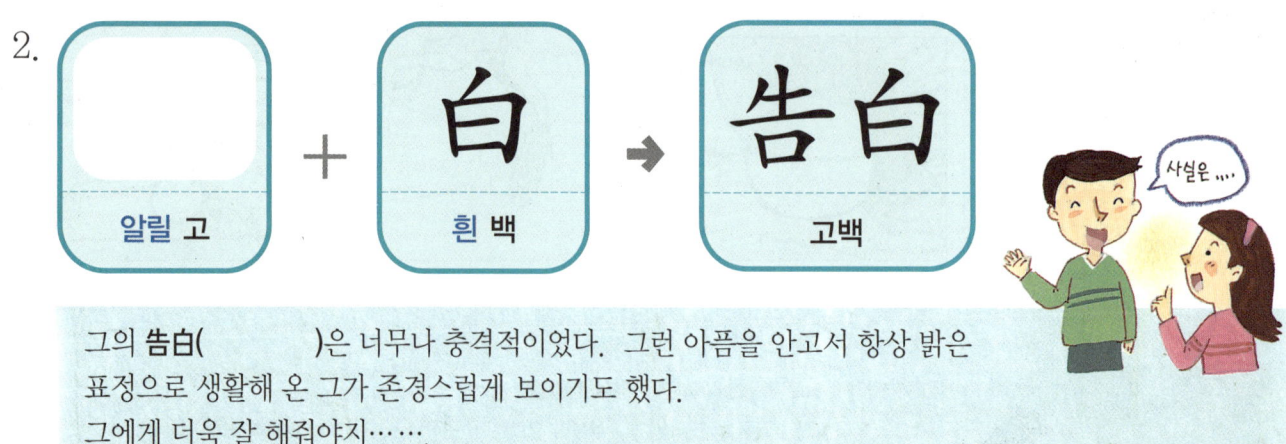

그의 **告白**(　　)은 너무나 충격적이었다. 그런 아픔을 안고서 항상 밝은 표정으로 생활해 온 그가 존경스럽게 보이기도 했다. 그에게 더욱 잘 해줘야지……

확인하기 忠 : 충성 충(D2-7)　原 : 근원 원(E1-3)　白 : 흰 백(B2-7)　• 白은 '희다' 이외에 '아뢰다'의 뜻도 있습니다. 告白에서 白은 '아뢰다'의 뜻으로 쓰였습니다.

告를 필순에 맞게 쓰세요.

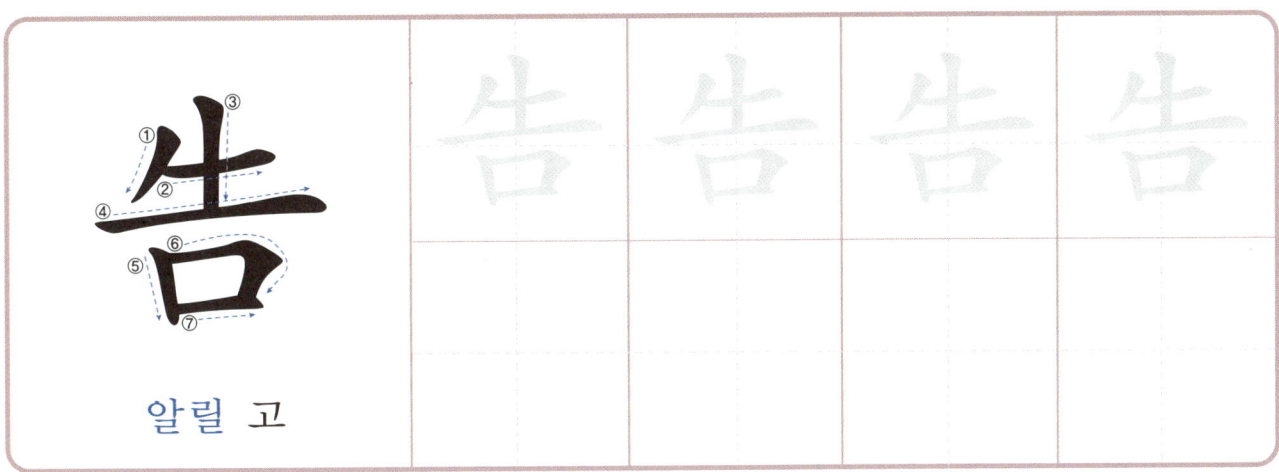

알릴 고

빈 칸에 告를 써 넣어 한자어를 만들고, 그 뜻을 읽어 보세요.

　　忠

忠告(충고) : 고치도록 타이름, 또는 그 말

　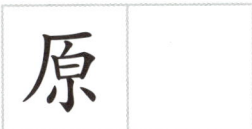　

原告(원고) : 법원에 소송을 제기하여 재판을 청구한 사람

告白(고백) : 마음 속에 숨기고 있던 것을 털어 놓음

共으로 漢字語 만들기

보기 와 같이 빈 칸에 알맞게 쓰세요.

보기

共 (함께 공) + 同 (같을 동) → 共同 (공동)

따라서, 집안일을 모든 가족이 나누어 맡고, 아이를 기르는 일도 부부가 **共同(공동)**으로 해결할 것으로 예상됩니다.

1. 公 (공평할 공) + □ (함께 공) → 公共 (공공)

公共(　　　) 장소에서 예절을 지키지 않아 다른 사람을 기분 나쁘게 했던 일이나 다른 사람 때문에 기분 나빴던 일이 있었나요?

2. □ (함께 공) + 生 (날 생) → 共生 (공생)

악어와 악어새의 **共生(　　　)**처럼 앉은뱅이와 장님은 서로를 의지하며 살고 있었습니다.

확인하기 　同 : 같을 동(E2-5)　　公 : 공평할 공(D2-5)　　生 : 날 생(B1-3)

共을 필순에 맞게 쓰세요.

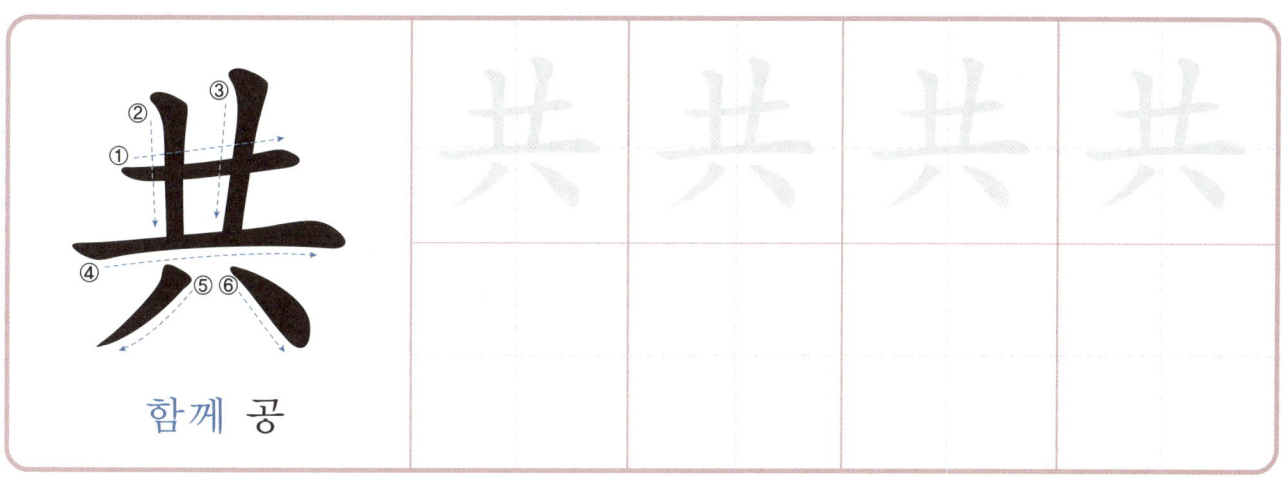

빈 칸에 共을 써 넣어 한자어를 만들고, 그 뜻을 읽어 보세요.

  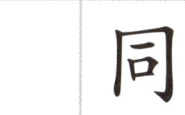

共同(공동) : 두 사람 이상이 일을 같이 함

公共(공공) : 사회 일반이나 공중에 관계되는 것

 生 生 生

共生(공생) : 서로 같은 곳에서 생활함

동화를 읽고 보기 에서 알맞은 한자나 음을 찾아 쓰세요.

닭이 사람과 함께 살게 된 이유 2

얼마 후 정말 큰 가뭄이 닥쳤습니다. 비 한 방울 내리지 않아 강은 말라버렸고 땅은 전부 갈라졌지요. 하지만 여우는 쉬지 않고 먹이를 **구하러** ☐ 다녔습니다.

그 **반면** ☐☐ 닭은 꼬박꼬박 먹이를 챙겨먹으며 집에만 있었답니다. 닭은 날이 갈수록 피둥피둥 살이 쪘습니다. 여우는 슬슬 짜증이 나기 시작했습니다.

'아무래도 저 닭이 수상해.'

여우는 먹이를 구하러 가는 척하고 닭을 지켜보았습니다.

보기 　首　告　求　共　민가　反面

아니나 다를까 닭은 여우가 집을 나서자마자 **머리**□를 땅에 파묻고는 혼자서 먹이를 찾아 먹는 게 아니겠어요?

"이런 괘씸한! **함께**□ 먹어야 할 먹이를 혼자서 먹어치우다니!"

그날 밤 여우는 나무 아래 닭이 숨겨 놓은 먹이를 다른 곳으로 옮겨버렸습니다.

그리곤 닭에겐 **알리지**□ 않고 멀리 떠나버렸지요. 다음 날부터 닭은 주린 배를 움켜쥐고 살아야 했습니다. 도저히 참지 못한 닭은 결국 **民家**□□로 내려갔습니다.

한 노인을 만나 "저를 거둬 주시면 매일 달걀을 낳아 드릴게요. 흑흑."하고 사정했어요.

그리하여 노인은 닭을 키우게 됐답니다. 하지만 닭은 아직도 그 때 그 먹이를 잊지 못해 틈만 나면 머리를 땅에 박고 흙을 파헤친답니다.

求 : 구할 구(E2-5)　　家 : 집 가(D4-13)　　反 : 돌이킬 반(E2-5)　　面 : 얼굴 면(B4-15)

首로 漢字語 만들기

보기 와 같이 빈 칸에 알맞게 쓰세요.

보기

自 (스스로 자) + 首 (머리 수) → 自首 (자수)

오랫동안 고민하던 그는 결국 **自首(자수)**의 길을 택했다.

1. ☐ (머리 수) + 弟 (아우 제) + 子 (아들 자) → 首弟子 (수제자)

공자는 그를 따르는 제자들이 많기로 유명하다. 그 수가 삼천 명을 넘었다고 전해진다. 그 많은 수의 제자들 가운데 안회는 그가 가장 아끼는 **首弟子(   )**였다.

2. ☐ (머리 수) + 相 (서로 상) → 首相 (수상)

우리 나라 **首相(   )**이 교통 규칙을 위반할 리 없다고 생각합니다.

확인하기 自 : 스스로 자(B2-6)　　弟 : 아우 제(C1-2)　　子 : 아들 자(B1-2)　　相 : 서로 상(E4-13)

首를 필순에 맞게 쓰세요.

머리 수

빈 칸에 首를 써 넣어 한자어를 만들고, 그 뜻을 읽어 보세요.

自☐　　自☐　　自☐

自首(자수) : 죄를 지은 사람이 스스로 수사 기관에게 범죄 사실을 신고함

☐弟子　　　☐弟子

首弟子(수제자) : 여러 제자 가운데 학문이나 기술이 가장 뛰어난 제자

☐相　　☐相　　☐相

首相(수상) : 내각의 우두머리

民으로 漢字語 만들기

보기 와 같이 빈 칸에 알맞게 쓰세요.

보기

市 (시장 시) + 民 (백성 민) → 市民 (시민)

우리 고장의 문제를 해결하는 데 큰 역할을 하여 '자랑스러운 市民(시민)' 으로 뽑혔습니다.

1. 國 (나라 국) + ☐ (백성 민) → 國民 (국민)

온 國民(　　) 과 정부가 열심히 노력하여 이제는 경제 사정이 많이 나아졌습니다.

2. ☐ (백성 민) + 心 (마음 심) → 民心 (민심)

신라의 김유신 장군이 밤에 불을 매단 연을 하늘로 올려 어수선한 民心(　　)을 바로잡았다는 이야기가 있다.

확인하기　市 : 시장 시(E1-1)　　國 : 나라 국(D4-13)　　心 : 마음 심(B1-3)

民을 필순에 맞게 쓰세요.

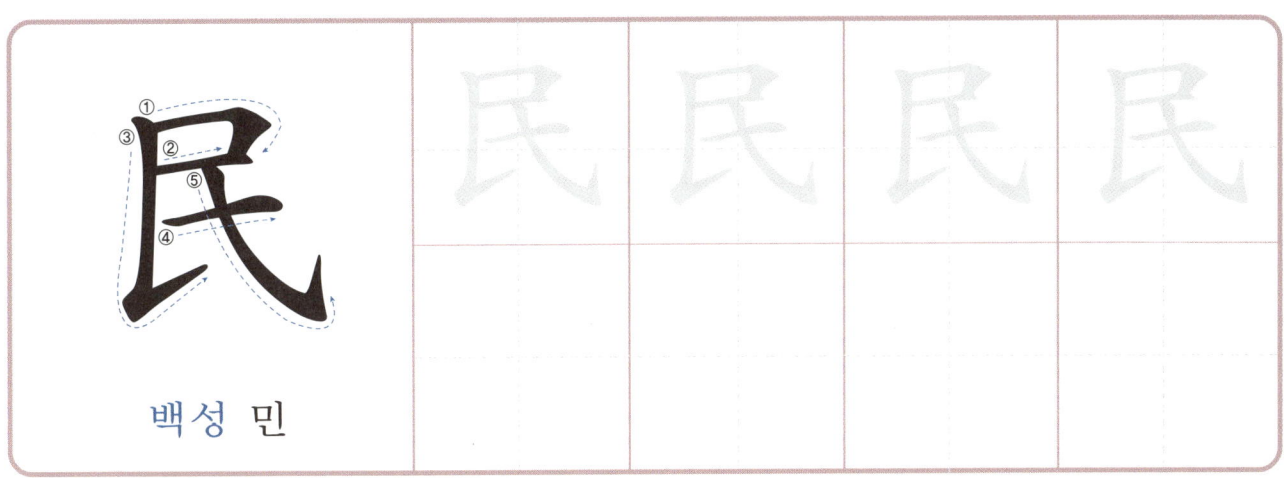

백성 민

빈 칸에 民을 써 넣어 한자어를 만들고, 그 뜻을 읽어 보세요.

 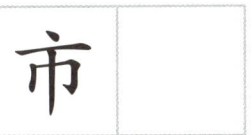  

市民(시민) : 시에 살고 있는 사람

國民(국민) : 나라를 이루고 있는 사람들

民心(민심) : 백성의 마음

詩로 배우는 漢字

📖 詩를 읽고 물음에 답하세요.

눈 내린 아침

이인로

숲은 모두 저물어 갈까마귀 깃드는데

찬란히 반짝이며 ㉠수레를 비추는 눈

신선도 ㉡함께 놀랄 만큼 깨끗한 순수 세상

봄바람도 반짝거리는 꽃들을 어쩌지 못하네

가랑비 소리 창호지를 울리고

추위는 발걸음을 주막으로 이끄는데

온 천지 은으로 만들어 놓은 것 같은 세상

동구 앞 세 갈래 길 허옇게 덮였네.

1. ㉠의 뜻에 알맞은 한자를 고르세요.
   ① 夕   ② 同   ③ 犬   ④ 車

2. ㉡의 뜻에 알맞은 한자를 고르세요.
   ① 告   ② 共   ③ 首   ④ 民

이인로 [李仁老, 1152~1220]
고려시대의 학자. 정중부의 난 때 머리를 깎고 절에 들어가 난을 피한 후 다시 환속하였습니다. 1180년(명종10) 문과에 급제하여 벼슬길에 올랐습니다.
시문뿐만 아니라 글씨에도 능해 초서·예서가 특출하였고 저서에 《은대집》《후집》《쌍명재집》《파한집》 등을 남겼습니다.

📝 이번 주에 배운 한자어를 넣어, 그림의 상황에 어울리게 짧은 글을 지어 보세요.

告白

共同   首弟子

1. 서로 관련 있는 것끼리 선으로 이으세요.

2. 다음 빈 칸에 공통적으로 들어갈 한자를 보기 에서 찾아 쓰세요.

보기   告   民   共   首

□동 공□ □생	□
시□ 국□ □심	□
□백 충□ 원□	□
□상 □제자 자□	□

3. 다음 밑줄 친 낱말의 뜻에 알맞은 한자를 쓰세요.

   • 이 동화는 악어와 악어새를 통해 **함께**(　　) 도우며 살아가는 공생 관계를 표현하였다.

   • 오늘도 **백성**(　　)을 사랑하는 임금님의 기도가 열흘째 이어졌다.

   • 김진사 **아뢰오**(　　)!

   • 닭의 **머리**(　　)가 될지언정 어찌 용의 꼬리가 되겠습니까?

4. 서로 관련 있는 것끼리 선으로 이으세요.

   民　　共　　首　　告

   氏-총5획　　首-총9획　　八-총6획　　口-총7획

5. 다음 빈 칸에 알맞은 한자어를 보기에서 찾아 쓰세요.

   보기: 共同　　民心　　首弟子　　忠告

   • ☐민 ☐심 은 천심이다.

   • ☐공 ☐동 주택에서는 여러 가지 규칙을 지켜야 한다.

   • 그는 사부의 눈에 들어 ☐수 ☐제 ☐자 로 인정받았다.

   • 민영이는 내게 듣기 좋은 소리뿐만 아니라 ☐충 ☐고 도 잘 해 주는 진정한 친구이다.

어느 꽃이 가장 좋습니까?

조선 시대 21대 왕인 영조가 왕후를 뽑기 위해 여러 양반집의 여자들을 불렀습니다.
그리고 여러 명의 여자들에게 묻기를,
"그대들은 무슨 꽃을 가장 좋아하느냐?"
하니, 어떤 사람은 복숭아꽃이라고 하고, 어떤 사람은 모란이라고 대답하였습니다.
그런데 한 여자는 면화를 제일 좋아한다고 대답하였습니다. 왕이 그 까닭을 물으니, 그 여자는
"다른 꽃은 단지 한때만 아름다울 뿐이나 오직 면화만이 모든 사람들의 추위를 막아 주는 솜옷을 제공하기 때문에 제일 좋아합니다."
라고 대답하였습니다.

영조가 다시 여러 명의 여자들에게 "이 세상에서 가장 깊은 것이 무엇이냐?"라고 물었습니다.
어떤 사람은 산이라고 하고, 어떤 사람은 물이 제일 깊다고 하며 대답이 역시 서로 달랐습니다.
면화를 가장 좋아한다고 말한 여자는
"사람의 마음은 헤아릴 수가 없기 때문에 제일 깊습니다."라고 대답하였습니다.
이에 영조는 그 규수를 왕후로 뽑으니 이 분이 바로 정순왕후입니다.

• 정순왕후(貞純王后. 1745~1805) : 본관은 경주, 성은 김씨로 오흥부원군 김한구의 딸입니다. 영조비 정성왕후(貞盛王后)가 죽자, 1759년에 15세의 나이로 영조와 결혼하여 왕비로 책봉되었습니다.

기탄한자 형성평가 E단계 6회

다음 물음에 답하세요.

1. 다음 한자와 음이 비뚤게 연결된 것을 고르세요.
① 告 - 조   ② 共 - 공   ③ 首 - 수   ④ 民 - 민

2. 다음 한자와 훈이 비뚤게 연결되지 않은 것을 고르세요.
① 首 - 머리   ② 共 - 함께   ③ 告 - 알릴   ④ 民 - 임금

3. 다음 빈 칸에 알맞은 한자의 음을 쓰세요.

 → 牛 + 口 → ☐

4. 다음 설명에 알맞은 한자를 쓰세요.

짐승의 머리 모양을 본떠 만든 한자로 머리, 우두머리, 첫째를 뜻하는 한자입니다. ☐

다음 한자어의 음을 쓰세요.

5. 告白 ☐
6. 共生 ☐
7. 自首 ☐
8. 市民 ☐

다음 에서 알맞은 한자어를 찾아 쓰세요.

<보기> 告白   首弟子   市民

9. 마음 속에 숨기고 있던 것을 털어 놓음 ☐☐

10. 사는 곳에서 생활함 ☐☐

● 왼쪽의 한자어가 되도록 바르게 연결하세요.

11. 충고 ・ ・ 告 ・ ・ 共
12. 공동 ・ ・ 首 ・ ・ 自
13. 자수 ・ ・ 心 ・ ・ 民
14. 민심 ・ ・ 同 ・ ・ 忠

● 다음 빈 칸에 알맞은 한자어를 고르세요.

15. 양심의 가책을 느낀 죄인이 □□를 해 왔다.
① 市民 ② 自首 ③ 原告 ④ 公共

16. 이 온 천심인 것을 정치인들은 잊어서는 안 된다.
① 首弟子 ② 忠告 ③ 共同 ④ 民心

● 다음 보기에서 알맞은 한자어를 찾아 쓰세요.

보기   忠告   國民   首弟子   共同

17. 충 □ 고 □

18. 공 □ 동 □

19. 수 □ 제 □ 자 □

20. 국 □ 민 □

평가 결과 및 향후 진도

정답 수	평가 결과 및 향후 진도
16~20문항	잘했어요. E2집 7호로 진행하세요.
11~15문항	부족해요. 틀린 문제의 한자를 다시 학습한 후 E2집 7호로 진행하세요.
10문항 이하	많이 부족해요. 이번 호를 복습한 후 다음 호로 진행하세요.

 告 알릴 고

 共 함께 공

 首 머리 수

 民 백성 민

告 共 首 民

알릴 고 함께 공 머리 수 백성 민

告共首民

E단계 6호 해답

81a	1. 같을, 求, 잃을, 반
	2. 같을 동, 구할 구, 돌이킬 반, 잃을 실
81b	3. 同行, 失手, 求人, 反面
	4. 합동, 실명, 반면, 구인
82a	충고, 원고
82b	공동, 공공
83a	자수, 수제자
83b	시민, 국민
84a	牛, 口, 알릴, 고
84b	알릴, 고, 口, 7획
85a	함께, 공
85b	함께, 공, 八, 6획
86a	머리, 수
86b	머리, 수, 首, 9획
87a	백성, 민
87b	백성, 민, 氏, 5획
89a	1. 告, 원고 2. 告, 고백
89b	告, 告, 告
90a	1. 共, 공공 2. 共, 공생
90b	共, 共, 共
91a	求, 反面
91b	首, 共, 告, 민가
92a	1. 首, 수제자 2. 首, 수상
92b	首, 首, 首
93a	1. 民, 국민 2. 民, 민심
93b	民, 民, 民
94a	1. ④ 2. ②

95a 1.
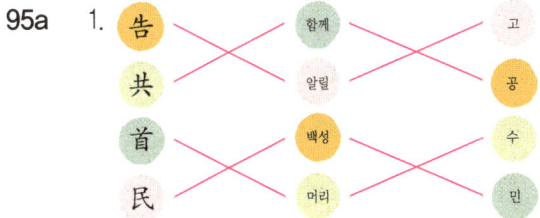

2. 共, 民, 告, 首

95b 3. 共, 民, 告, 首

4.
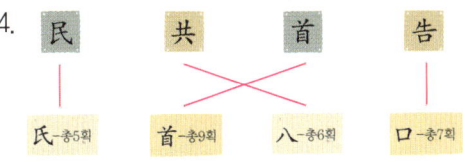

5. 民心, 共同, 首弟子, 忠告

형성평가

1. ①
2. ④
3. 告, 알릴 고
4. 首
5. 고백
6. 공생
7. 자수
8. 시민
9. 告白
10. 共生

11. 충고
12. 공동
13. 자수
14. 민심

15. ②
16. ④
17. 忠告
18. 共同
19. 首弟子
20. 國民

펴낸이 : 정지향
펴낸곳 : (주)기탄교육
기획·편집·디자인 : 기탄교육연구소
주소 : 06698 서울특별시 서초구 효령로 40 기탄출판센터
등록 : 제2000-000098호
전화 : (02)586-1007
팩스 : (02)586-2337

※서점에 갈 시간이 없거나 구하기 어려운 분은 인터넷 또는 전화로 신청하세요. 즉시 우송해 드립니다.
● www.gitan.co.kr

ⓒ (주)기탄교육 All rights reserved.
저작권자의 동의 없이 본 교재를 무단으로 복제하거나 전재하는 것을 금합니다.

E단계에서 배운 한자들

共 함께 공

告 알릴 고

民 백성 민

首 머리 수

| 可 옳을 가 | 由 말미암을 유 | 原 근원 원 | 因 인할 인 | 同 같을 동 | 求 구할 구 | 失 잃을 실 | 反 돌이킬 반 |
| 寸 마디 촌 | 京 서울 경 | 品 물건 품 | 市 시장 시 | 巨 클 거 | 具 갖출 구 | 各 각각 각 | 曲 굽을/곡조 곡 |

♥ 엄마가 한자나 한자어를 부르고 아이가 받아쓰도록 합니다.

7호

기탄교과서한자 E단계 2집 97a~112a

E2집
65a-128a

97a-112a

초등 교과서 한자어를 총체 분석한 어휘력 향상 한자 학습 프로그램

기탄 교과서 한자

공부한 날	월 일 ~ 월 일
	교 반
이름	전화

www.gitan.co.kr

기초부터 탄탄하게
G 기탄교육

E단계 학습 한자 일람

	E단계			
1집	寸,京,品,市 巨,具,各,曲 可,由,原,因	2집	同,求,失,反 告,共,首,民 元,先,年,回	3집
	복습		복습	

3집	不,非,未,必 知,加,字,幸 表,形,味,香	4집	星,軍,相,和 單,別,命,祖 居,章,異,再
	복습		복습

학습 진단 관리표

		한자		한자어		이번 주는
		읽기	쓰기	읽기	쓰기	
금주평가		Ⓐ 아주 잘함	Ⓐ 아주 잘함	Ⓐ 아주 잘함	Ⓐ 아주 잘함	● 학습방법　❶ 매일매일　❷ 가끔　❸ 한꺼번에 하였습니다.
		Ⓑ 잘함	Ⓑ 잘함	Ⓑ 잘함	Ⓑ 잘함	● 학습태도　❶ 스스로 잘　❷ 시켜서 억지로 하였습니다.
		Ⓒ 보통	Ⓒ 보통	Ⓒ 보통	Ⓒ 보통	● 학습흥미　❶ 재미있게　❷ 싫증내며 하였습니다.
		Ⓓ 노력해야 함	Ⓓ 노력해야 함	Ⓓ 노력해야 함	Ⓓ 노력해야 함	● 교재내용　❶ 적합하다고　❷ 어렵다고　❸ 쉽다고 하였습니다.
	지도 교사가 부모님께					부모님이 지도 교사께

종합평가	Ⓐ 아주 잘함	Ⓑ 잘함	Ⓒ 보통	Ⓓ 노력해야 함

1일차 97a~99b
- 다시보기를 통하여 告, 共, 首, 民의 훈, 음, 형, 한자어를 복습합니다.
- 이번 주에 학습할 한자 元, 先, 年, 回의 용례를 문장 속에서 찾아봅시다.

2일차 100a~103b
- 알아보기를 통하여 元, 先, 年, 回의 3요소와 필순, 부수를 학습합니다.
- 자원 알아보기를 통하여 상형 또는 형성, 회의의 원리를 이해하도록 합니다.

3일차 104a~106b
- 만화를 통해 고사성어 馬耳東風의 뜻과 쓰임을 알아보고 적절히 사용할 수 있습니다.
- 元, 先과 다른 한자를 결합하여 元日, 元金, 先生, 先山 등의 한자어를 익힙니다.
- 造語(조어) 과정을 이해하여 다른 한자어도 만들어 봅시다.

4일차 107a~109b
- 동화 '쇠를 먹는 쥐'를 읽고 지금까지 배운 한자를 문장 속에 활용합니다.
- 年, 回와 다른 한자를 결합하여 少年, 靑年, 一回用品, 河回 등의 한자어를 익힙니다.
- 轉은 아직 배우지 않은 한자이므로 확인하기를 참조합니다.

5일차 110a~112a
- 김소월의 시 '눈 오는 저녁'을 감상하고 시 속에 쓰인 한자어를 익힙니다.
- 풀어보기, 형성평가를 통해 학습한자를 정리하고 '남의 장단점을 말하지 마라'를 읽고 황희 정승의 일화를 읽어 봅니다.

告 共 首 民 다시 보기

1. 다음 빈 칸에 알맞게 쓰세요.

告	알릴		共	함께	
首				백성	민

2. 다음 빈 칸에 알맞은 훈음을 쓰세요.

 → 牛 + 口 → 告 | 알릴 고

 → → → 民 |

 → → → 首 |

 → → → 共 |

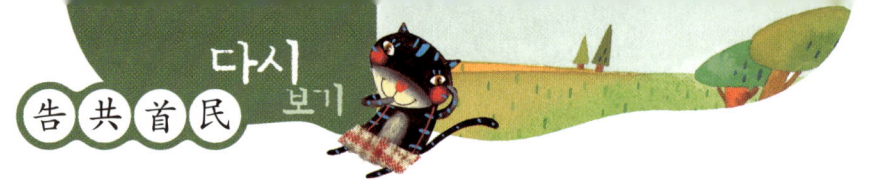

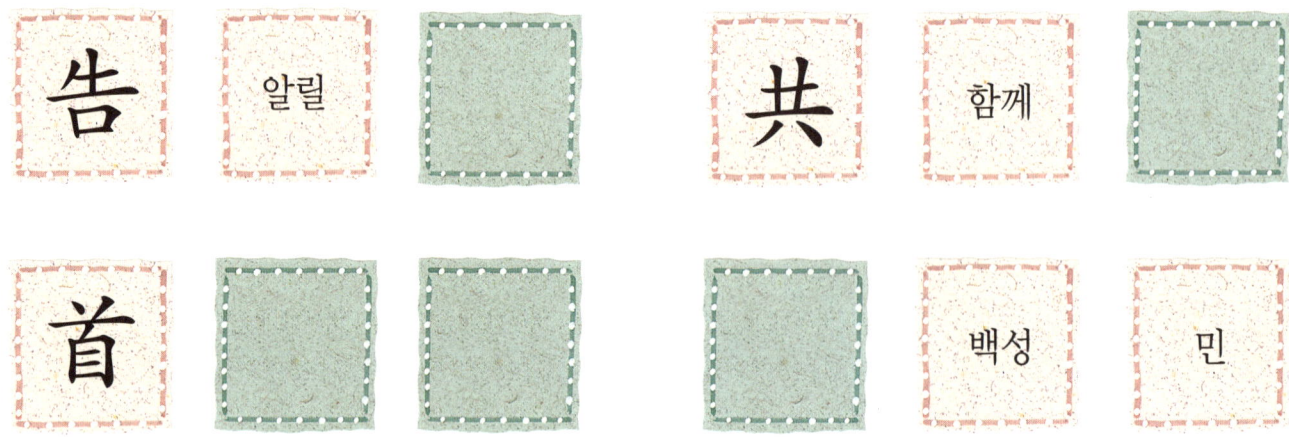

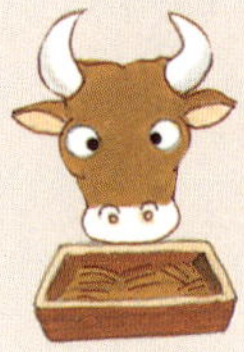

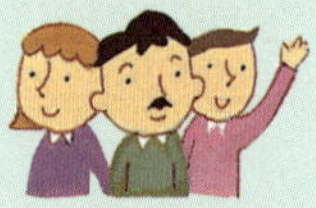

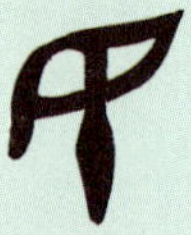

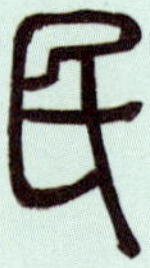

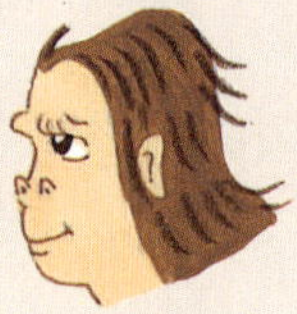

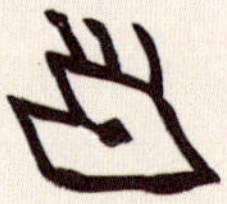

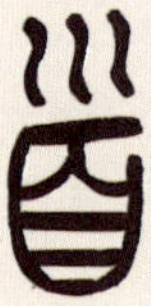

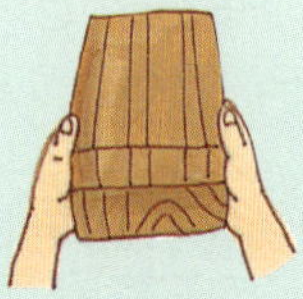

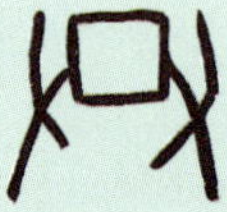

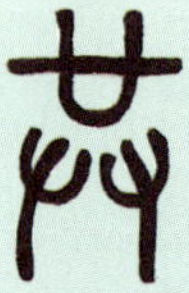

3. 다음 보기 에서 알맞은 한자어를 찾아 쓰세요.

| 보기 | 共同 | 首相 | 市民 | 忠告 |

| 忠告 | : 고치도록 타이름, 또는 그 말
| 首相 | : 내각의 우두머리
| 共同 | : 두 사람 이상이 일을 같이 함
| 市民 | : 시에 살고 있는 사람

4. 다음 보기 에서 알맞은 음을 찾아 쓰세요.

| 보기 | 시민 | 공공 | 고백 | 수제자 |

• 동생이 公共 □□ 장소에서 너무 큰 소리로 떠드는 바람에 부끄러워 혼났어요.

• 지하철, 버스와 같은 대중 교통은 市民 □□ 의 발이다.

• 내 마음을 그에게 告白 □□ 하는 것은 너무나도 힘이 들었다.

• 너를 나의 首弟子 □□□ 로 삼겠노라.

元이 쓰인 문장을 읽고 빈 칸에 한자어의 음을 쓰세요.

설날을 **元日(원일)**이라고 말하기도 합니다. 으뜸이라는 뜻의 元과 날을 뜻하는 日을 써서 으뜸이 되는 날, 즉 새해 첫날을 뜻합니다.

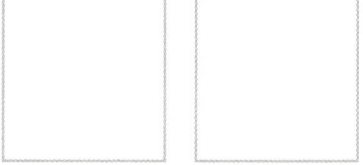

회원국이 되기 위해서는 일정한 돈을 내야 하며, 돈을 빌린 회원국은 **元金(원금)**과 이자를 갚아야 한다.

확인하기 日 : 날/해 일(A1-1)   金 : 쇠/성 금/김(A1-3)

先이 쓰인 문장을 읽고 빈 칸에 한자어의 음을 쓰세요.

다음부터 지각하지 말라는 **先生(선생)**님의 말씀에 나는 모기만한 소리로 대답했습니다.

아빠와 함께 **先山(선산)**에 갔다. 앞으로는 가느다랗지만 포근한 강이 흐르고, 뒤로는 아름드리 장송들이 든든하게 버티고 있었다.

확인하기 　生 : 날 생(B1-3)　　山 : 산/뫼 산(A1-1)

年이 쓰인 문장을 읽고 빈 칸에 한자어의 음을 쓰세요.

산 속 동굴에 어머니를 몰래 숨겨 놓고 날마다 음식을 가져다 드리던 한 **少年(소년)**이 있었습니다.

少 年
☐ ☐

똑똑한 **青年(청년)**이로다.
모월, 모일, 모시에 신부를 데리러 오시오.

青 年
☐ ☐

확인하기 少 : 적을 소(C1-3)   青 : 푸를 청(D1-1)

📖 回가 쓰인 문장을 읽고 빈 칸에 한자어의 음을 쓰세요.

자연 환경을 보호하기 위해서 우리가 할 수 있는 일에는 **一回用品(일회용품)** 사용 않기, 공책에 쪽수 적어 찢지 않기, 버려진 휴지 줍기, 빈 우유갑 모으기 등이 있습니다.

一 回 用 品

자랑스런 우리 문화에는 동의보감, 한복, 훈민정음, **河回(하회)** 마을 등이 있습니다.

河 回

확인하기 一 : 하나 일(A2-5)   用 : 쓸 용(D1-3)   品 : 물건 품(E1-1)   河 : 물 하(C3-9)

📖 元의 훈과 음을 읽어 보세요.

훈: 으뜸 음: 원

🔍 元이 만들어진 유래를 알아보세요.

옆으로 서 있는 사람의 모습을 본떠 만든 한자로 본래는 사람의 머리를 뜻하였습니다. 후에 으뜸, 처음, 첫째라는 뜻을 지니게 되었습니다.

✏️ 빈 칸에 알맞게 쓰세요.

元은 옆으로 서 있는 사람의 모습을 본떠 만든 한자로

훈은 ☐ 이고, 음은 ☐ 입니다.

[확인하기] • 元은 사물의 근본으로 주로 '으뜸'이라는 뜻으로 쓰입니다.

🔍 元의 부수와 총획수를 알아보고 빈 칸에 알맞게 쓰세요.

元
으뜸 원

부수 - 儿   총획 – 4획

▶ 儿은 '걷는사람 인(어진사람 인)' 입니다.
▶ 儿은 한자의 아래에 쓰이면 '걷는사람 인발' 로 읽습니다.

· 元의 **훈**은 ☐ 이고, **음**은 ☐ 입니다.

· 元의 **부수**는 ☐ 이고, **총획**은 ☐ 입니다.

✏️ 元의 필순을 알아보고 알맞게 쓰세요.

一 二 テ 元

元 元 元 元

확인하기 • 儿(걷는사람 인)은 人(사람 인)의 모양이 변해서 만들어진 한자입니다.

📖 先의 훈과 음을 읽어 보세요.

훈:먼저 음:선

🔍 先이 만들어진 유래를 알아보세요.

발을 뜻하는 止(그칠 지)와 걷는 사람을 뜻하는 儿(걷는사람 인)이 합하여 만들어진 한자로 다른 사람 앞에서 가는 것, 즉 먼저, 앞서다를 뜻하게 되었습니다. 止의 자형이 先의 윗부분 모양으로 변하였습니다.

✏️ 빈 칸에 알맞게 쓰세요.

先은 발을 뜻하는 止와 걷는 사람을 뜻하는 儿이 합하여 만들어진 한자로

훈은 ☐ 이고, 음은 ☐ 입니다.

[확인하기] 止 : 그칠 지(D3-9)   儿 : 걷는사람 인   • 先은 '먼저' 이외에 의미가 확장되어 '과거, 조상, 세상을 떠난 어른' 등도 뜻합니다.

◉ 先의 부수와 총획수를 알아보고 빈 칸에 알맞게 쓰세요.

先
먼저 선

부수 – 儿   총획 – 6획

▶ 儿은 '걷는사람 인(어진사람 인)' 입니다.
▶ 儿은 한자의 아래에 쓰이면 '걷는사람 인발' 로 읽습니다.

· 先의 **훈**은 [　　] 이고, **음**은 [　　] 입니다.
· 先의 **부수**는 [　　] 이고, **총획**은 [　　] 입니다.

◉ 先의 필순을 알아보고 알맞게 쓰세요.

年의 훈과 음을 읽어 보세요.

年이 만들어진 유래를 알아보세요.

볏단을 짊어지고 돌아오고 있는 사람의 모습을 본떠 만든 한자로 본래 수확, 곡식이 익다 등을 뜻했습니다. 후에 일년에 한 번 수확하므로 한 해, 해, 나이의 뜻으로 쓰이게 되었습니다.

빈 칸에 알맞게 쓰세요.

年은 볏단을 짊어지고 돌아오고 있는 사람의 모습을 본떠 만든 한자로 훈은 ☐ 이고, 음은 ☐ 입니다.

확인하기 • 年은 단어의 첫부분에 올 때는 '연'으로 읽습니다. 예) 年金(연금), 年老(연로), 年中(연중)

🔵 年의 부수와 총획수를 알아보고 빈 칸에 알맞게 쓰세요.

年
해 년

부수 – 干   총획 – 6획

▶干은 '방패 간' 입니다.

· 年의 **훈**은 [　　] 이고, **음**은 [　　] 입니다.
· 年의 **부수**는 [　　] 이고, **총획**은 [　　] 입니다.

🔵 年의 필순을 알아보고 알맞게 쓰세요.

확인하기 · 年의 부수는 干(방패 간)으로 于(어조사 우)와 구별해서 써야 합니다.

回 알아보기

📖 回의 훈과 음을 읽어 보세요.

훈: 돌 음: 회

🔍 回가 만들어진 유래를 알아보세요.

물이 소용돌이 치는 모습을 본떠 만든 한자로 빙빙 돌다를 뜻하였다가 돌다, 돌아오다, 돌아가다의 뜻으로 의미가 확장되었습니다.

✏️ 빈 칸에 알맞게 쓰세요.

回는 물이 소용돌이 치는 모습을 본떠 만든 한자로
훈은 [ ] 이고, 음은 [ ] 입니다.

🌀 回의 부수와 총획수를 알아보고 빈 칸에 알맞게 쓰세요.

回
돌 회

부수 - 囗   총획 - 6획

▶ 囗는 '에운담' 또는 '큰입 구' 입니다.
▶ 囗는 한자의 둘레에 쓰이면 '에운담' 또는 '큰입 구몸' 으로 읽습니다.

· 回의 **훈**은 [　　] 이고, **음**은 [　　] 입니다.
· 回의 **부수**는 [　　] 이고, **총획**은 [　　] 입니다.

✍ 回의 필순을 알아보고 알맞게 쓰세요.

ㅣ 冂 冂 回 回 回

[확인하기] · 回의 부수는 안에 있는 '입 구' 가 아니라 바깥의 '큰입 구' 가 부수입니다.

馬 : 말 **마**　　耳 : 귀 **이**　　東 : 동녘 **동**　　風 : 바람 **풍**

말의 귀에 동풍이 불어도 말은 아랑곳하지 않는다는 뜻으로 남의 의견이나 충고의 말을 귀담아 듣지 아니하고 흘려버림을 이르는 말입니다. '우리네 시인들이 아무리 좋은 시를 짓더라도 이 세상 속물들은 그것을 알아주지 않는다.'며 한탄한 이백(李白)의 시에 나오는 성어입니다.

 元으로 漢字語 만들기

보기 와 같이 빈 칸에 알맞게 쓰세요.

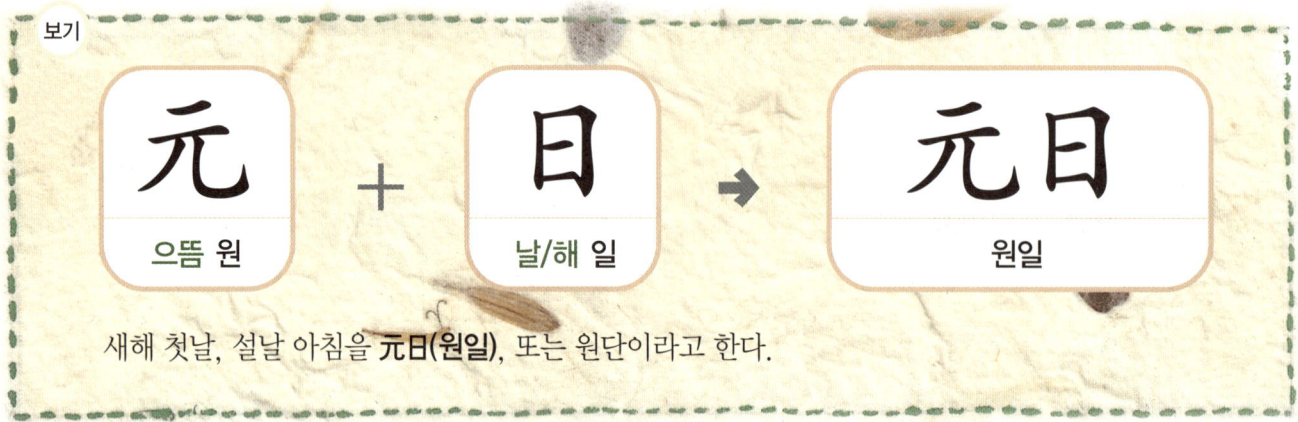

새해 첫날, 설날 아침을 元日(원일), 또는 원단이라고 한다.

1.

변호사 : 元金(　　　　)만이라도 받을 수 없겠습니까?
판　사 : 그대가 받을 수 있는 건 오로지 증서에 적혀 있는 것뿐이오.

2.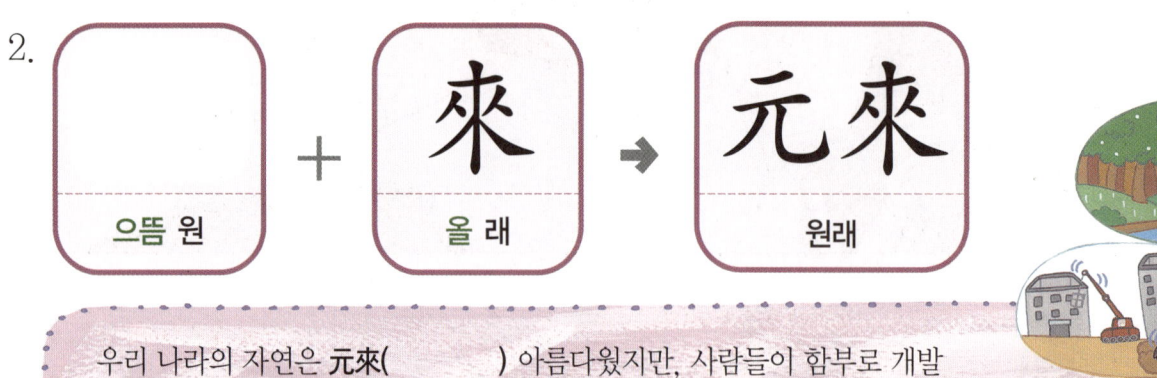

우리 나라의 자연은 元來(　　　　) 아름다웠지만, 사람들이 함부로 개발하고 잘못 사용하여 병들고 보기 싫은 모습으로 변한 곳도 있습니다.

확인하기　日 : 날/해 일(A1-1)　　金 : 쇠/성 금/김(A1-3)　　來 : 올 래(C2-6)

元을 필순에 맞게 쓰세요.

元 으뜸 원

元 元 元 元

빈 칸에 元을 써 넣어 한자어를 만들고, 그 뜻을 읽어 보세요.

| | 日 | | 日 | | 日 |

元日(원일) : 설날

| | 金 | | 金 | | 金 |

元金(원금) : 밑천으로 들인 돈

| | 來 | | 來 | | 來 |

元來(원래) : 본디

 先으로 漢字語 만들기

보기 와 같이 빈 칸에 알맞게 쓰세요.

先生(선생)님의 부모님께서는 원식이를 반갑게 맞아 주셨습니다.

1.

오늘은 엄마의 기일입니다. 엄마는 先山(　　　)에 묻히셨습니다. 엄마가 생전에 좋아하셨던 안개꽃을 한 다발 들고서 엄마를 만나러 갑니다.

2.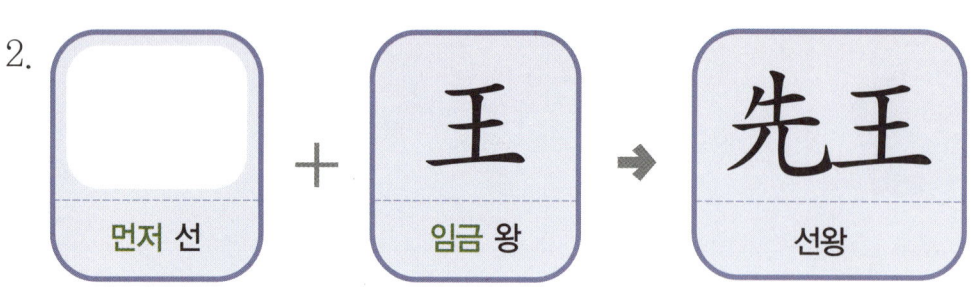

수렴청정을 하는 대비께서는 생각이 깊은 분이지만, 先王(　　　)께서 돌아가시고 홀로 남은 한 여인에 불과합니다.

확인하기　生 : 날 생(B1-3)　　山 : 산/뫼 산(A1-1)　　王 : 임금 왕(B2-7)

先을 필순에 맞게 쓰세요.

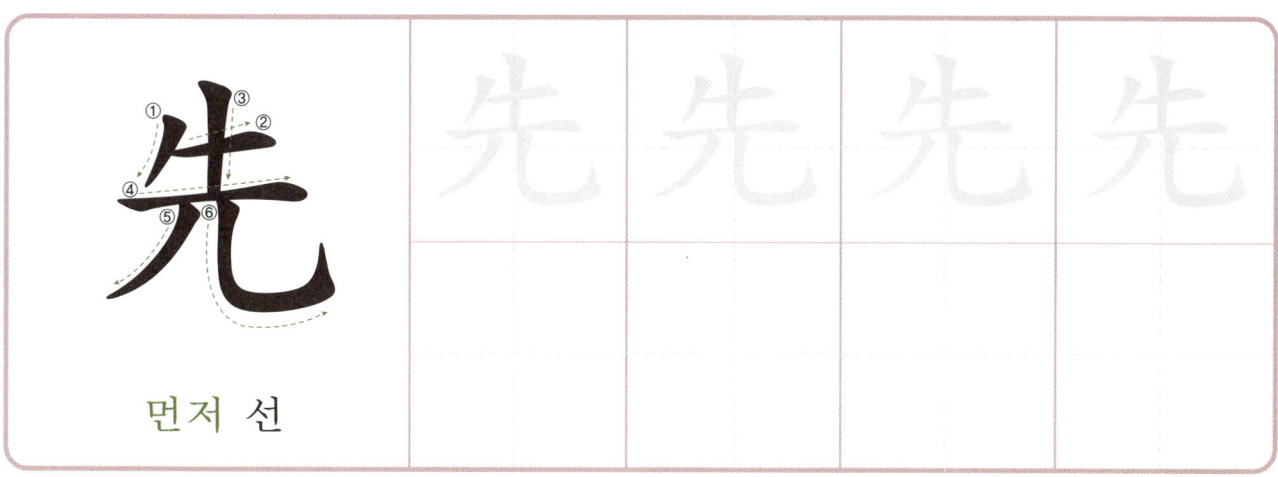

먼저 선

빈 칸에 先을 써 넣어 한자어를 만들고, 그 뜻을 읽어 보세요.

| | 生 | | 生 | | 生 |

先生(선생) : 남을 가르치는 사람

| | 山 | | 山 | | 山 |

先山(선산) : 선대의 무덤이 있는 산

| | 王 | | 王 | | 王 |

先王(선왕) : 선대의 임금

술술술 漢字동화

동화를 읽고 보기 에서 알맞은 한자나 음을 찾아 쓰세요.

쇠를 먹는 쥐 1

꾀가 많기로 所聞 □□ 난 장사꾼이 있었습니다. 어느 날 이 장사꾼이 먼 나라로 물건을 팔러 가게 되었습니다. 일년 동안 집을 비워야 했기에 그동안 벌어 놓은 돈이 걱정되었어요. 장사꾼은 어떻게 하면 안전하게 돈을 보관할까 고민한 끝에 좋은 방법을 생각해냈습니다.

"그래! 쇠붙이를 사는 거야. 元來 □·□ 쇠란 것은 변하지 않고, 음식처럼 썩지도 않고, 불에 탈 염려도 없지. 그리고 무거워서 함부로 훔쳐 갈리도 없고 말이야."

보기   원래   소문   일년   先   元

장사꾼은 가진 돈을 모두 털어 쇠를 샀습니다. 그리고는 창고에 그득히 채웠습니다.

떠나기 전 장사꾼은 창고 열쇠를 가장 믿을만한 벗에게 맡겼습니다.

그리고 一年 □□ 이 지난 후 고향으로 다시 돌아왔습니다.

그 사이 쇠붙이 값이 엄청나게 올라 장사꾼은 큰 이익을 보게 되었습니다.

"역시 쇠붙이가 으뜸 □ 이야! 내가 선견지명이 있었지. 하하하."

돌아오자마자 제일 먼저 □ 친구 집으로 달려간 장사꾼은 어이가 없었습니다.

"정말 미안하네. 아, 글쎄 창고 안에 있던 쥐가 쇠붙이를 몽땅 먹어치워 버렸지 뭔가."

"아니, 여보게! 세상에 쇠를 먹는 쥐가 어디 있단 말인가?"   - 계속 -

확인하기 來 : 올 래(C2-6)   所 : 곳/바 소(D1-2)   聞 : 들을 문(D4-14)   一 : 하나 일(A2-5)

年으로 漢字語 만들기

보기 와 같이 빈 칸에 알맞게 쓰세요.

보기

少 (적을 소) + 年 (해 년) → 少年 (소년)

30년 전 작은 체격의 **少年**(소년)이 바로 올림픽의 영웅이 되었습니다.

1. 青 (푸를 청) + ☐ (해 년) → 青年 (청년)

   여기, 자기의 꿈보다 가족이 소중하다는 생각을 몸소 실천한 **青年**(　　　)이 있다.

2. 一 (하나 일) + ☐ (해 년) → 一年 (일년)

   · 공사 기간 : 4년 2개월
   · 1m당 공사 비용 : 3억 원
   · 1개월에 건설할 수 있는 지하 차도의 길이 : 30m
   · 지하 차도 이용 예상 이익 : **一年**(　　　)에 약 500억 원

확인하기 少 : 적을 소(C1-3)   青 : 푸를 청(D1-1)   一 : 하나 일(A2-5)

年을 필순에 맞게 쓰세요.

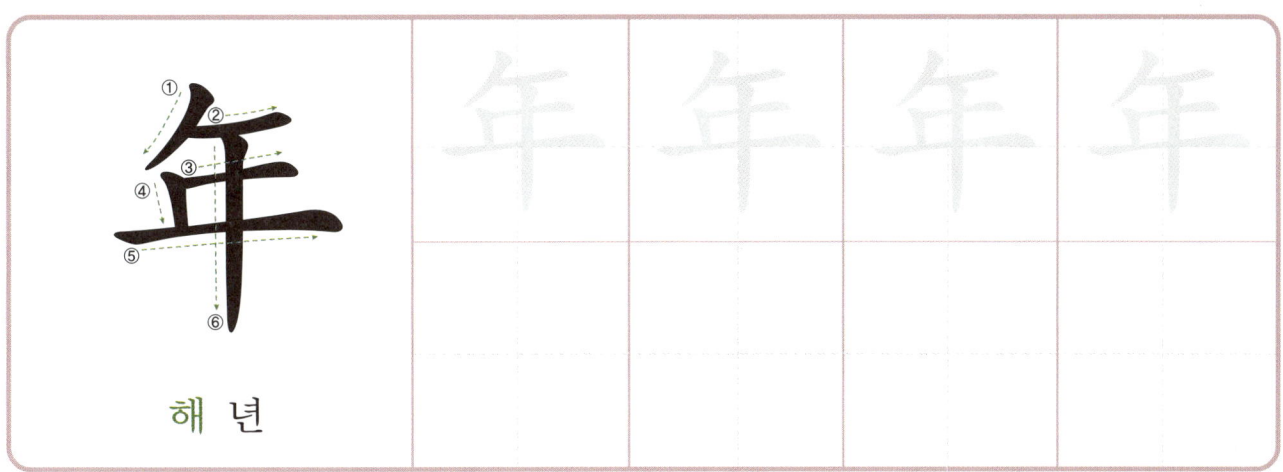

해 년

빈 칸에 年을 써 넣어 한자어를 만들고, 그 뜻을 읽어 보세요.

少年(소년) : 아주 어리지도 않고 완전히 자라지도 않은 남자 아이

靑年(청년) : 젊은 사람. 젊은 남자

一年(일년) : 한 해

보기 와 같이 빈 칸에 알맞게 쓰세요.

1.

河回( ) 마을은 별신굿 탈놀이와 하회탈로 유명합니다.

2.

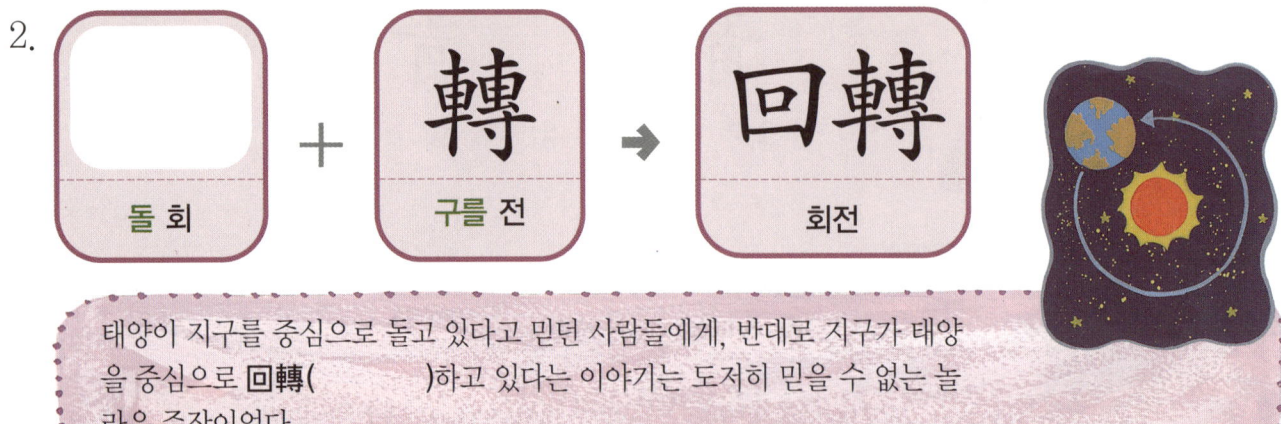

태양이 지구를 중심으로 돌고 있다고 믿던 사람들에게, 반대로 지구가 태양을 중심으로 回轉( )하고 있다는 이야기는 도저히 믿을 수 없는 놀라운 주장이었다.

확인하기 一 : 하나 일(A2-5)   用 : 쓸 용(D1-3)   品 : 물건 품(E1-1)   河 : 물 하(C3-9)   轉 : 구를 전

✏️ 回를 필순에 맞게 쓰세요.

돌 회

📖 빈 칸에 回를 써 넣어 한자어를 만들고, 그 뜻을 읽어 보세요.

一回用品(일회용품) : 한 번만 쓰고 버리도록 되어 있는 용품

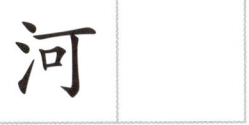  

河回(하회) : 경상북도 안동시 풍천면의 민속 마을

回轉(회전) : 빙빙 돎

詩로 배우는 漢字

詩를 읽고 물음에 답하세요.

눈 오는 저녁   김소월

㉠바람 자는 이 ㉡저녁
흰 눈은 퍼붓는데
무엇하고 계시나
같은 저녁 ㉢今年은…

꿈이라도 꾸면은
잠들면 만날런가
잊었던 그 사람은
흰 눈 타고 오시네.

저녁 때, 흰 눈은 퍼부어라.

1. ㉠의 뜻에 알맞은 한자를 쓰세요.

2. ㉡의 뜻에 알맞은 한자를 쓰세요.

3. ㉢의 음을 쓰세요.

김소월 [金素月, 1902.8.6~1934.12.24]
본명은 정식이며, 평안북도 구성에서 태어났습니다.
오산학교에 다닐 때 교사였던 김억의 지도 아래 시를 쓰기 시작하여, 1920년에 문단에 데뷔했습니다.
배재고보에 다니던 1922년에 《금잔디》, 《엄마야 누나야》 등을 《개벽》지에 발표하였으며, 같은 해에 《진달래꽃》을 발표하여 크게 주목받았습니다. 1925년에는 그의 유일한 시집인 《진달래꽃》이 간행되었습니다.

이번 주에 배운 한자어를 넣어, 그림의 상황에 어울리게 짧은 글을 지어 보세요.

先山

少年

1. 서로 관련 있는 것끼리 선으로 이으세요.

元 · · 먼저 · · 회
回 · · 돌 · · 원
年 · · 해 · · 년
先 · · 으뜸 · · 선

2. 다음 빈 칸에 공통적으로 들어갈 한자를 보기 에서 찾아 쓰세요.

보기   元   先   年   回

☐일   ☐금   ☐래   …… ☐

소☐   청☐   일☐   …… ☐

일☐용품   하☐   ☐전   …… ☐

☐생   ☐산   ☐왕   …… ☐

3. 다음 밑줄 친 낱말의 뜻에 알맞은 한자를 쓰세요.

- 지금 상황에서 가장 **먼저**(　　) 해야 할 일을 생각해 보자.
- 하회 마을은 물이 **도는**(　　) 곳이란 뜻으로 생긴 지명이다.
- 한 **해**(　　), 한 해 나이는 들어가고…….
- 그물이 삼천 코라도 벼리가 **으뜸**(　　).

4. 서로 관련 있는 것끼리 선으로 이으세요.

| 元 | 先 | 回 | 年 |

| 儿-총4획 | 口-총6획 | 千-총6획 | 儿-총6획 |

5. 다음 빈 칸에 알맞은 한자를 보기 에서 찾아 쓰세요.

보기: 一回用品　　先生　　少年　　元日

- 설날 아침을 원단 또는 　[원][일]　 이라고 한다.
- 담임 　[선][생]　 님께서 갑자기 전근 가시게 되어 난 매우 서운하다.
- 우리가 무심결에 쓰는 　[일][회][용][품]　 의 배출량이 놀라운 수치였다.
- 　[소][년]　 이여! 야망을 가져라.

남의 장단점을 말하지 마라

옛날 조선 시대에 황희(黃喜) 정승이라는 유명한 재상이 있었습니다.
황희 정승이 젊었을 때의 일입니다. 하루는 길을 가다 잠시 쉬어 가기로 마음먹었습니다.
들판에서는 농부가 소를 몰며 논을 갈고 있었는데 그것을 보던 황희 정승이 농부에게 말을 걸었습니다.
"노인장, 그 두 마리 소 중에서 어느 소가 일을 더 잘합니까?"
그러자 농부는 황희 정승 가까이 다가와 옷소매를 잡아당기고 소가 보이지 않는 곳으로 가더니 귓속말을 하였습니다.
"누런 소가 검은 소보다 훨씬 일을 잘 합니다."
"그런데 어느 소가 일을 잘하든 그것이 무슨 큰 비밀이라고 여기까지 와서 귓속말을 하는 겁니까?"
그러자 농부가 대답하기를,
"모르는 말씀 마십시오. 말 못하는 짐승이라도 저를 욕하고 흉을 보면 기분이 상하게 되는 것입니다."
농부의 말을 들은 황희 정승은 매우 부끄러워졌습니다. 황희 정승은 크게 깨달아 다시는 남의 장단점을 함부로 평가하지 않았습니다. 황희 정승은 백성을 위한 많은 업적을 남겼고, 또한 인품이 원만하고 청렴하여 백성들로부터 존경받는 재상이 되었습니다.

• 황희(黃喜,1363~1452) : 개성 출생으로 1389년 문과에 급제하여 벼슬길에 올랐습니다. 농사 개량, 예법 개정 등 많은 업적을 남겼고, 세종의 가장 신임받는 재상으로 명성이 높았습니다. 또한 인품이 원만하고 청렴하여 모든 백성들로부터 존경받았으며 시문(詩文)에도 뛰어난 재주를 보였습니다.

 元 으뜸 원

 先 먼저 선

 年 해 년

 回 돌 회

元 先 年 回

으뜸 원 먼저 선 해 년 돌 회

先

元

回

年

元先年回

97a	1. 고, 공, 머리, 수, 民
	2. 알릴 고, 백성 민, 머리 수, 함께 공
97b	3. 忠告, 首相, 共同, 市民
	4. 공공, 시민, 고백, 수제자
98a	원일, 원금
98b	선생, 선산
99a	소년, 청년
99b	일회용품, 하회
100a	으뜸, 원
100b	으뜸, 원, 儿, 4획
101a	먼저, 선
101b	먼저, 선, 儿, 6획
102a	해, 년
102b	해, 년, 干, 6획
103a	돌, 회
103b	돌, 회, 口, 6획
105a	1. 元, 원금　　2. 元, 원래
105b	元, 元, 元
106a	1. 先, 선산　　2. 先, 선왕
106b	先, 先, 先
107a	소문, 원래
107b	일년, 元, 先
108a	1. 年, 청년　　2. 年, 일년
108b	年, 年, 年
109a	1. 回, 하회　　2. 回, 회전
109b	回, 回, 回
110a	1. 風　　2. 夕　　3. 금년

111a　1.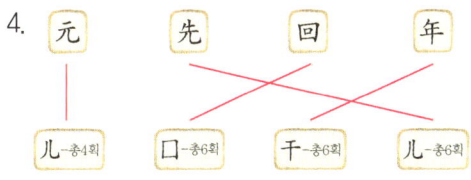

2. 元, 年, 回, 先

111b　3. 先, 回, 年, 元

4.

5. 元日, 先生, 一回用品, 少年

형성평가

1. ③　　　　　　　2. ④
3. 元, 으뜸 원　　4. 回
5. 원일　　　　　6. 선생
7. 소년　　　　　8. 일회용품
9. 靑年　　　　　10. 元來

11. 원금 — 先 — 年
12. 선산 — 靑 — 山
13. 청년 — 元 — 金
14. 하회 — 河 — 回

15. ②　　　　　　16. ③
17. 少年　　　　　18. 一回用品
19. 先生　　　　　20. 元金

펴낸이 : 정지향
펴낸곳 : (주)기탄교육
기획·편집·디자인 : 기탄교육연구소
주소 : 06698 서울특별시 서초구 효령로 40 기탄출판센터
등록 : 제2000-000098호
전화 : (02) 586-1007
팩스 : (02) 586-2337

※서점에 갈 시간이 없거나 구하기 어려운 분은 인터넷 또는 전화로 신청하세요. 즉시 우송해 드립니다.
● www.gitan.co.kr

ⓒ (주)기탄교육 All rights reserved.
저작권자의 동의 없이 본 교재를 무단으로 복제하거나 전재하는 것을 금합니다.

E단계에서 배운 한자들

元 으뜸 원		年 해 년
	先 먼저 선	回 돌 회

告 알릴 고	共 함께 공	首 머리 수	民 백성 민				
可 옳을 가	由 말미암을 유	原 근원 원	因 인할 인	同 같을 동	求 구할 구	失 잃을 실	反 돌이킬 반
寸 마디 촌	京 서울 경	品 물건 품	市 시장 시	巨 클 거	具 갖출 구	各 각각 각	曲 굽을/곡조 곡

♥ 엄마가 한자나 한자어를 부르고 아이가 받아쓰도록 합니다.

8호

기탄교과서한자 E단계 2집 113a~128a

E2집
65a-128a

E2집
8호
113a-128a

초등 교과서 한자어를 총체 분석한 어휘력 향상 한자 학습 프로그램

기탄® 교과서 한자

공부한 날   월   일 ~   월   일
학교   반
이름   전화

www.gitan.co.kr

기초부터 탄탄하게
기탄교육

E단계 학습 한자 일람

	E단계						
1집	寸, 京, 品, 市 巨, 具, 各, 曲 可, 由, 原, 因	2집	同, 求, 失, 反 告, 共, 首, 民 元, 先, 年, 回	3집	不, 非, 未, 必 知, 加, 字, 幸 表, 形, 味, 香	4집	星, 軍, 相, 和 單, 別, 命, 祖 居, 章, 異, 再
	복습		복습		복습		복습

학습 진단 관리표

	한자		한자어		이번 주는
	읽기	쓰기	읽기	쓰기	
금수평가	Ⓐ 아주 잘함	Ⓐ 아주 잘함	Ⓐ 아주 잘함	Ⓐ 아주 잘함	● 학습방법 ❶ 매일매일 ❷ 가끔 ❸ 한꺼번에 하였습니다.
	Ⓑ 잘함	Ⓑ 잘함	Ⓑ 잘함	Ⓑ 잘함	● 학습태도 ❶ 스스로 잘 ❷ 시켜서 억지로 하였습니다.
	Ⓒ 보통	Ⓒ 보통	Ⓒ 보통	Ⓒ 보통	● 학습흥미 ❶ 재미있게 ❷ 싫증내며 하였습니다.
	Ⓓ 노력해야 함	Ⓓ 노력해야 함	Ⓓ 노력해야 함	Ⓓ 노력해야 함	● 교재내용 ❶ 적합하다고 ❷ 어렵다고 ❸ 쉽다고 하였습니다.

지도 교사가 부모님께   부모님이 지도 교사께

종합평가   Ⓐ 아주 잘함   Ⓑ 잘함   Ⓒ 보통   Ⓓ 노력해야 함

 **1일차** (113a~116b)
- '복습해요'를 통해 E2집에서 익힌 12자의 훈, 음, 형을 복습합니다.
- 자원의 이해를 돕기 위한 부수의 명칭은 굳이 암기하지 않아도 무방합니다.

 **2일차** (117a~120b)
- 만화를 통해 고사성어 白眉의 뜻과 쓰임을 알아보고 적절한 때 사용할 수 있습니다.
- 한자어다지기에서 아직 학습하지 않은 한자는 훈음 읽기 위주로 학습합니다.
  예) 省 : 살필/덜 성/생, 要 : 요긴할 요, 轉 : 구를 전

 **3일차** (121a~124b)
- 동화 '쇠를 먹는 쥐'를 읽고 지금까지 배운 한자를 문장 속에 활용해 학습합니다.
- E2집에서 익힌 12자의 훈, 음, 형을 쓰기를 통해 복습합니다.
- E2집에서 익힌 한자어를 복습합니다.

 **4일차** (125a~126a)
- E2집에서 익힌 한자어를 재미 있는 퍼즐 형식에 담아 풀어 봅니다.
- 윤동주의 시 '만돌이'를 감상하고 시인의 삶과 약력도 알아봅니다.

 **5일차** (126b~128a)
- 풀어보기를 통해 E2집에서 익힌 한자와 한자어를 풀어봅니다.
- 이야기 보따리 '영리한 소년 정약용'을 읽고 실학자 정약용에 대해서 알아보고, 형성 평가를 풀어 학습 성취도를 점검합니다.

빈 칸에 알맞은 훈음을 쓰세요.

1.
2.
3. 잃을 실

4. 돌이킬 반
5.
6.

7. 　　　　　　　8. 　9.

10. 먼저 선　　　11. 　12.

기탄한자 E2-113b

🔹 빈 칸에 알맞은 훈음을 쓰고 필순에 맞게 한자를 쓰세요.

1.
   훈: 음:
   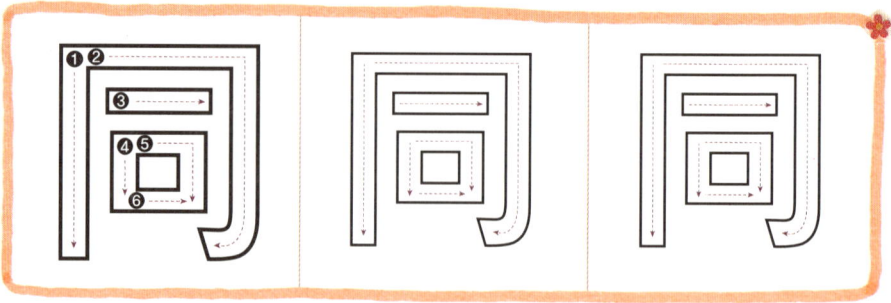

2.
   훈: 음:
   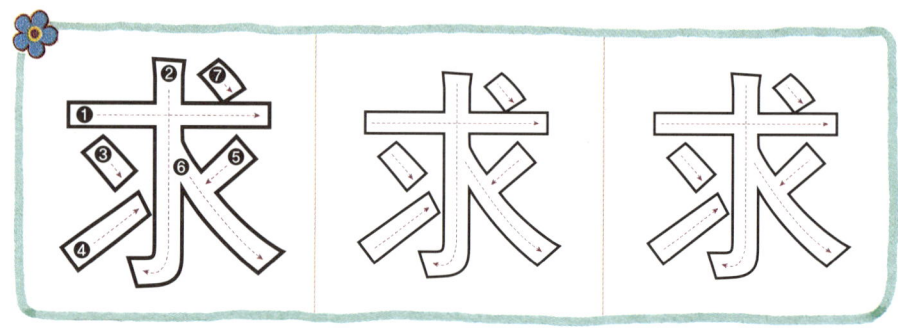

3.
   훈: 음:
   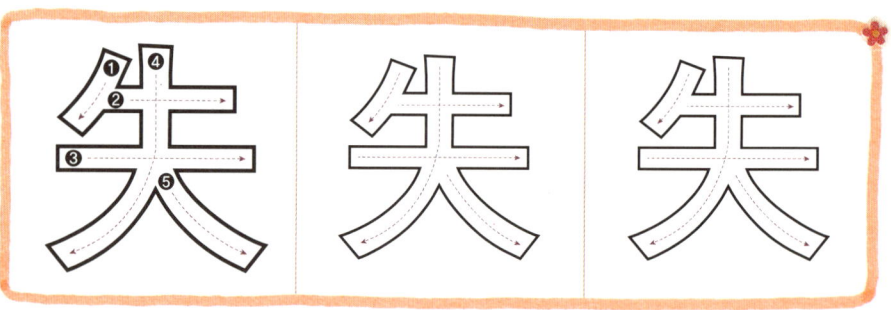

4.
   훈: 음:

확인하기 口 : 입 구(A3-10)   水 : 물 수(A1-2)   大 : 큰 대(A4-14)   又 : 또 우

빈 칸에 알맞게 쓰세요.

1. 同은 凡 (무릇 범)과 ☐ (입 구)를 합한 한자로 훈은 ☐ 이고, 음은 ☐ 입니다.

2. 求는 짐승의 가죽으로 만든 옷의 모양을 본떠 만든 한자로 훈은 ☐ 이고, 음은 ☐ 입니다.

3. 失은 손에서 물건이 떨어져 나가는 모습을 본떠 만든 한자로 훈은 ☐ 이고, 음은 ☐ 입니다.

4. 反은 손을 나타내는 又와 언덕의 비탈진 경사를 표현한 厂을 합한 한자로 훈은 ☐ 이고, 음은 ☐ 입니다.

확인하기 凡 : 무릇 범   厂 : 언덕 한

 빈 칸에 알맞은 훈음을 쓰고 필순에 맞게 한자를 쓰세요.

1.

   口부수 – 총 7획

   훈: 음:

2. 共

   八부수 – 총 6획

   훈: 음:

3.

   首부수 – 총 9획

   훈: 음:

4.

   氏부수 – 총 5획

   훈: 음:

확인하기 口 : 입 구(A3-10)   八 : 여덟 팔(A2-7)   氏 : 성씨 씨

빈 칸에 알맞게 쓰세요.

1. 告는 ☐(소 우)와 ☐(입 구)를 합한 한자로 훈은 ☐이고, 음은 ☐입니다.

2. 共은 두 손으로 물건을 들고 있는 모양을 본떠 만든 한자로 훈은 ☐이고, 음은 ☐입니다.

3. 首는 짐승의 머리 모양을 본떠 만든 한자로 훈은 ☐이고, 음은 ☐입니다.

4. 民은 끝이 뾰족한 무기와 눈의 모양을 본떠 만든 한자로 훈은 ☐이고, 음은 ☐입니다.

확인하기 牛 : 소 우(B1-1)

빈 칸에 알맞은 훈음을 쓰고 필순에 맞게 한자를 쓰세요.

1.
   元
   儿부수 - 총 4획
   훈: 음:

2. 先
   儿부수 - 총 6획
   훈: 음:

3.
   年
   干부수 - 총 6획
   훈: 음:

4.
   回
   口부수 - 총 6획
   훈: 음:

확인하기   儿 : 걷는사람 인   干 : 방패 간   口 : 에운담(큰입 구)

빈 칸에 알맞게 쓰세요.

1. 元은 옆으로 서 있는 사람의 모습을 본떠 만든 한자로 훈은 ☐ 이고, 음은 ☐ 입니다.

2. 先은 발을 뜻하는 止와 걷는 사람을 뜻하는 儿을 합한 한자로 훈은 ☐ 이고, 음은 ☐ 입니다.

3. 年은 볏단을 짊어지고 돌아오고 있는 사람의 모습을 본떠 만든 한자로 훈은 ☐ 이고, 음은 ☐ 입니다.

4. 回는 물이 소용돌이 치는 모습을 본떠 만든 한자로 훈은 ☐ 이고, 음은 ☐ 입니다.

확인하기 止 : 그칠 지(D3-9)

白 : 흰 **백**　　眉 : 눈썹 **미**

여러 사람 중에서 가장 뛰어난 사람을 일컫는 말입니다. 중국 촉한에 마씨 집의 다섯 형제가 모두 재주가 뛰어났으나 그 중에서도 흰 눈썹이 있는 마량(馬良)이 가장 뛰어났다는 고사에서 유래한 성어입니다.

漢字語 다지기 — 同 求 失 反

🔍 그림과 한자어를 연결하고 빈 칸에 음을 쓰세요.

1.  • •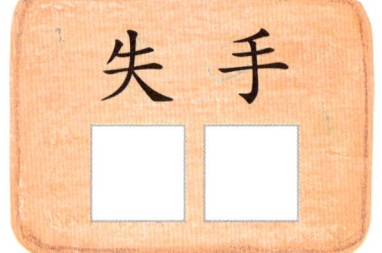

2.  • •

3. 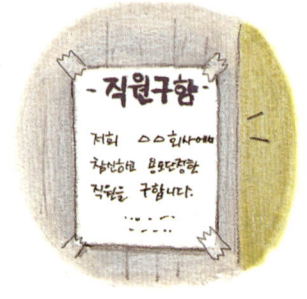 • •

4.  • •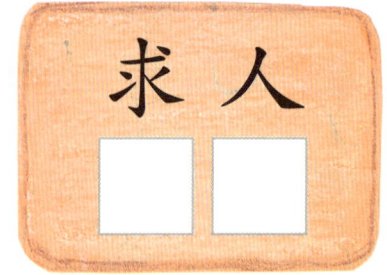

확인하기 手 : 손 수(A3-11)   行 : 다닐/항렬 행/항(C2-7)   省 : 살필/덜 성/생(G3-9)   人 : 사람 인(A3-11)

빈 칸에 알맞게 쓰세요.

1.

同生(동 생) : 아우와 손아랫누이를 통틀어 일컫는 말

(합 동)(합동) : 둘 이상이 모여 하나가 되거나 모아서 하나로 함

2.

(구 인)(구인) : 필요한 사람을 구함

求心力(구 심 력) : 물체가 원운동 또는 곡선운동을 할 때 원의 중심으로 쏠리는 힘

3.

失明(실 명) : 눈이 어두워짐. 시력을 잃음

(실 언)(실언) : 실수로 잘못 말함

4.

(반 면)(반면) : 앞에 말한 것과는 다름을 나타내는 말

反省(성) : 자기의 언행, 생각 따위의 잘잘못이나 옳고 그름을 깨닫기 위해 스스로를 돌이켜 살핌

生 : 날 생(B1-3)   合 : 합할 합(C4-15)   心 : 마음 심(B1-3)   力 : 힘 력(A4-14)
明 : 밝을 명(C2-7)   言 : 말씀 언(C1-1)   面 : 얼굴 면(B4-15)

漢字語 다지기

告 共 首 民

🐾 그림과 한자어를 연결하고 빈 칸에 음을 쓰세요.

1.

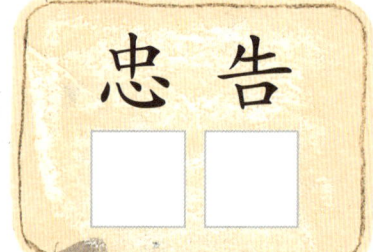
忠告

2.

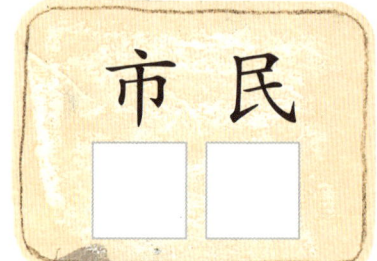
市民

3.

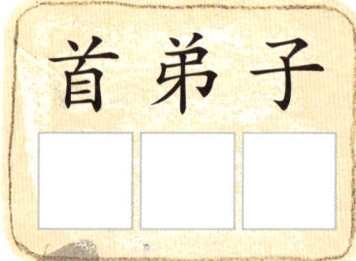
首弟子

4.

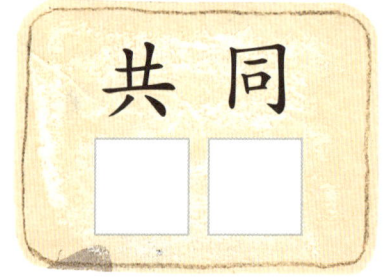
共同

忠 : 충성 충(D2-7)　　市 : 시장 시(E1-1)　　弟 : 아우 제(C1-2)　　子 : 아들 자(B1-2)　　同 : 같을 동(E2-5)

빈 칸에 알맞게 쓰세요.

1.
告

告白(☐ ☐) : 마음 속에 숨기고 있던 것을 털어 놓음

☐ ☐ (원고) : 법원에 소송을 제기하여 재판을 청구한 사람

2.
共

共生(☐ ☐) : 서로 같은 곳에서 생활함

公共(☐ ☐) : 사회 일반이나 공중에 관계되는 것

3.
首

☐ 相(수상) : 내각의 우두머리

☐ ☐ (자수) : 죄를 지은 사람이 스스로 수사 기관에게 범죄 사실을 신고함

4.
民

☐ ☐ (국민) : 나라를 이루고 있는 사람들

民心(☐ ☐) : 백성의 마음

확인하기 白 : 흰 백(B2-7)   原 : 근원 원(E1-3)   生 : 날 생(B1-3)   公 : 공평할 공(D2-5)   相 : 서로 상(E4-13)
自 : 스스로 자(B2-6)   國 : 나라 국(D4-13)   心 : 마음 심(B1-3)

漢字語 다지기
元 先 年 回

그림과 한자어를 연결하고 빈 칸에 음을 쓰세요.

1.
   河 回
   하 회

2.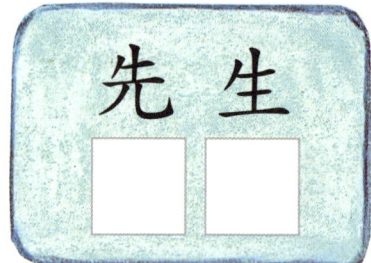
   先 生

3.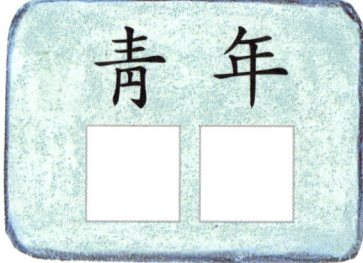
   靑 年

4.
   元 日

확인하기 河 : 물 하(C3-9)   生 : 날 생(B1-3)   靑 : 푸를 청(D1-1)   日 : 날/해 일(A1-1)

빈 칸에 알맞게 쓰세요.

1.

元日(☐☐) : 설날

☐☐(원금) : 밑천으로 들인 돈

2.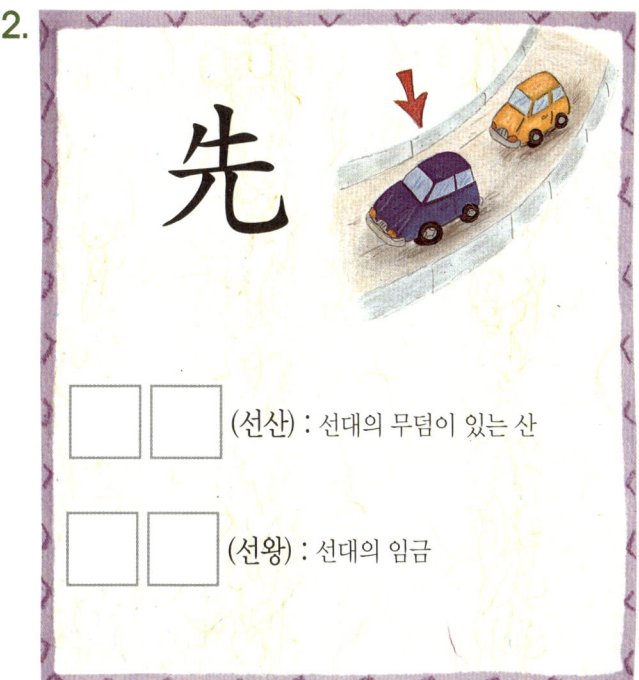

☐☐(선산) : 선대의 무덤이 있는 산

☐☐(선왕) : 선대의 임금

3.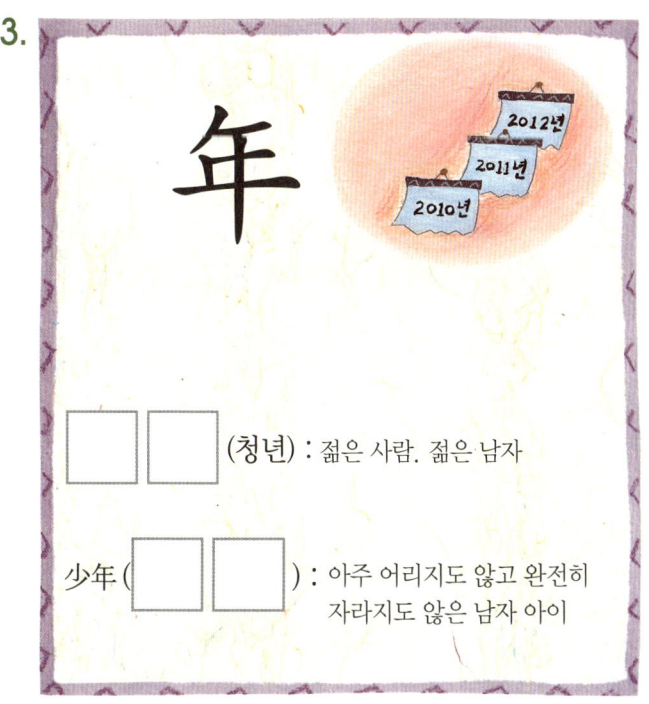

☐☐(청년) : 젊은 사람. 젊은 남자

少年(☐☐) : 아주 어리지도 않고 완전히 자라지도 않은 남자 아이

4.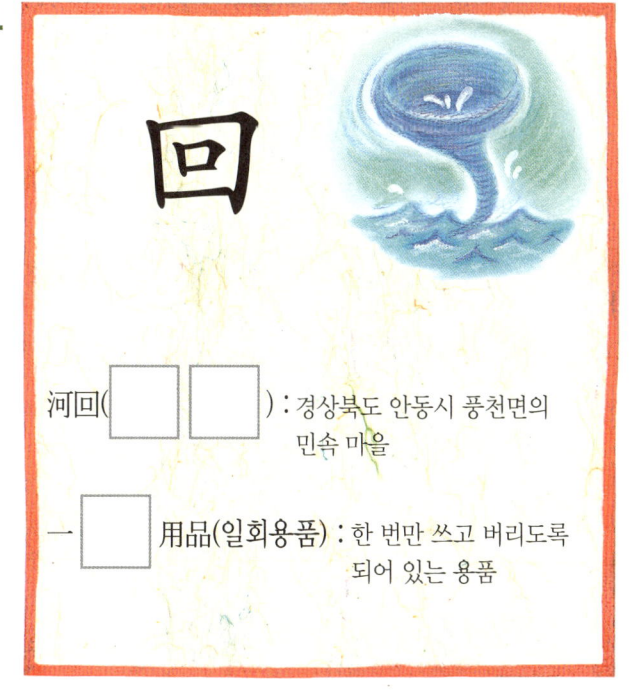

河回(☐☐) : 경상북도 안동시 풍천면의 민속 마을

一☐ 用品(일회용품) : 한 번만 쓰고 버리도록 되어 있는 용품

金 : 쇠/성 금/김(A1-3) 山 : 산/뫼 산(A1-1) 王 : 임금 왕(B2-7) 少 : 적을 소(C1-3)
一 : 하나 일(A2-5) 用 : 쓸 용(D1-3) 品 : 물건 품(E1-1)

동화를 읽고 보기 에서 알맞은 한자나 음을 찾아 쓰세요.

쇠를 먹는 쥐 2

장사꾼은 친구의 속셈을 알아챘지만 당장은 쇠붙이를 돌려 달라고 요구할 수가 없었습니다. 순순히 집으로 **돌아올** ☐ 밖에요. 反面 ☐☐ 에 친구는 장사꾼이 완전히 속아 넘어간 줄 알고 만세를 불렀지요. 다음 날 장사꾼은 친구의 집 앞에서 놀고 있는 친구의 아들을 살짝 데리고 왔습니다. 친구는 아이를 **잃어** ☐ 버렸다며 온 동네를 찾아다녔지요. 장사꾼은 친구에게 가서 물었습니다.

"자네 아들이 혹시 빨간 옷을 입고 검정 신발과 파란 모자를 쓰지 않았나?"

"맞아! 내 아들! 내 아들을 어디서 보았나?"

"조금 전 까마귀가 날아오더니 냉큼 낚아채 날아가던걸."

보기: 반면 자수 고백 失 回 元來

그 말을 들은 친구는 벌컥 화를 냈습니다.

"예끼! 그 작은 까마귀가 어찌 다 큰 아이를 물고 날아갈 수 있나!"

"그렇다면 그 작은 쥐가 어찌 창고 안의 쇠붙이를 다 먹어치웠을까? 정말 우습지 않나?"

그제서야 친구는 自首□□를 했습니다. 그리고 정직하게 告白□□을 했지요.

"미안하네. 친구. 내가 욕심이 나서 그만……. 당장 자네 쇠붙이를 돌려주겠네."

그리하여 두 사람은 원래□□대로 둘도 없는 친구가 되었답니다.

그 후론 해마다 장사꾼이 멀리 장사를 나갈 때는 안심하고 재산을 맡길 수 있었다고 합니다.

來 : 올 래(C2-6)　　自 : 스스로 자(B2-6)　　白 : 흰 백(B2-7)　　面 : 얼굴 면(B4-15)

마무리 하기

同 求 失 反

빈 칸에 알맞은 훈음을 쓰고 필순에 맞게 한자를 쓰세요.

				ㅣ 冂 冋 同 同 同
同 1.	同	同		
				一 十 十 才 才 求 求
求 2.	求	求		
				ノ 匕 匕 失 失
失 3.	失	失		
				一 厂 反 反
反 4.	反	反		

빈 칸에 알맞은 한자를 쓰세요.

1. 同

同 生	同 行	合 同
동생	동행	합동

2. 求

求 心力	要 求	求 人
구심력	요구	구인

3. 失

失 手	失 明	失 言
실수	실명	실언

4. 反

反 面	反 省	反 共
반면	반성	반공

마무리 하기

告 共 首 民

빈 칸에 알맞은 훈음을 쓰고 필순에 맞게 한자를 쓰세요.

1. 告	ノ 〃 屮 生 牛 告 告		
	告	告	
2. 共	一 十 艹 # 共 共		
	共	共	
3. 首	丶 丷 艹 亠 产 首 首 首 首		
	首	首	
4. 民	一 フ コ ㄸ 民 民		
	民	民	

빈 칸에 알맞은 한자를 쓰세요.

1. 告

忠[告]	原[告]	[告]白
충고	원고	고백

2. 共

[共]同	公[共]	[共]生
공동	공공	공생

3. 首

自[首]	[首]弟子	[首]相
자수	수제자	수상

4. 民

市[民]	國[民]	[民]心
시민	국민	민심

元 先 年 回

빈 칸에 알맞은 훈음을 쓰고 필순에 맞게 한자를 쓰세요.

		一 二 テ 元
元 1.	元	元
		ノ ト ヰ 生 先 先
先 2.	先	先
		ノ ヒ 上 ケ 占 年
年 3.	年	年
		丨 冂 冂 回 回 回
回 4.	回	回

빈 칸에 알맞은 한자를 쓰세요.

설명에 맞도록 빈 칸에 알맞은 한자를 써 넣어 퍼즐을 완성하세요.

가로 열쇠

③ 동생 : 아우와 손아랫누이를 통틀어 일컫는 말
④ 구심력 : 물체가 원운동 또는 곡선운동을 할 때 원의 중심으로 쏠리는 힘
⑤ 자수 : 죄를 지은 사람이 스스로 수사 기관에게 범죄 사실을 신고함
⑦ 충고 : 고치도록 타이름, 또는 그 말

세로 열쇠

① 공생 : 서로 같은 곳에서 생활함
② 민심 : 백성의 마음
④ 구인 : 필요한 사람을 구함
⑥ 수제자 : 여러 제자 가운데 학문이나 기술이 가장 뛰어난 제자
⑧ 고백 : 마음 속에 숨기고 있던 것을 털어 놓음

詩로 배우는 漢字

🔖 詩를 읽고 물음에 답하세요.

만돌이
윤동주

만돌이가 학교에서 돌아오다가
전봇대 있는 데서
돌짜기 다섯 개를 주웠습니다.

전봇대를 겨누고
돌 첫개를 뿌렸습니다. ---딱---
두 개째 뿌렸습니다. ---아뿔사---
세 개째 뿌렸습니다. ---딱---
네 개째 뿌렸습니다. ---아뿔사---
다섯 개째 뿌렸습니다. ---딱---

다섯 개에 세 개……
그만하면 되었다.
㉠내일 시험
다섯 문제에 세 문제만 하면-
손꼽아 구구를 하여봐도
허양 육십 점이다.
볼 거 있나 공차러 가자.

그 이튿날 만돌이는
꼼짝 못하고 ㉡先生님한테
흰 종이를 바쳤을까요
그렇잖으면 정말
육십 점을 맞았을까요.

1. ㉠을 한자로 바꾸어 쓰세요.

2. ㉡의 음을 쓰세요.

윤동주 [尹東柱, 1917.12.30~1945.2.16]
중국의 북간도에서 태어나, 중학교 때까지 그곳에 머물렀습니다. 이미 중학생 때부터 《가톨릭소년》에 여러 편의 동시를 발표했습니다. 연희전문대학을 마치고 일본 유학길에 올라, 도시샤 대학 영문과를 진학했습니다. 그러던 중 1943년 여름 방학을 맞아 귀국하다 사상범으로 일본 경찰에 체포되어, 2년 형을 선고받고 1945년에 형무소에서 죽음을 맞이했습니다. 그가 죽은 후 1948년에 《하늘과 바람과 별과 시》가 출판되어 이름이 널리 알려지게 되었습니다. 그 외에 《서시》,《또 다른 고향》,《별 헤는 밤》 등의 작품을 남겼습니다.

풀어보기

1. 다음 한자의 훈음을 쓰세요.

1) 反
2) 告
3) 共
4) 先
5) 同
6) 失
7) 年
8) 元
9) 回
10) 求
11) 首
12) 民

2. 다음 빈 칸에 들어갈 한자를 보기 에서 찾아 쓰세요.

보기: 失 告 先 反 首 民 同 共 元 求

13) ☐生 ········ 동생
14) ☐心力 ········ 구심력
15) ☐手 ········ 실수
16) ☐面 ········ 반면
17) 忠☐ ········ 충고
18) ☐同 ········ 공동
19) 自☐ ········ 자수
20) 市☐ ········ 시민
21) ☐日 ········ 원일
22) ☐生 ········ 선생

기탄한자 E2-126b

3. 다음 풀이와 한자어를 바르게 연결하세요.

23) 둘 이상이 모여 하나가 되거나 모아서 하나로 함   •   • 失言

24) 필요한 사람을 구함   •   • 合同

25) 실수로 잘못 말함   •   • 求人

26) 본디   •   • 先王

27) 선대의 임금   •   • 元來

4. 왼쪽의 한자어가 되도록 바르게 연결하세요.

28) 실명   •   • 同 •   • 心

29) 동행   •   • 公 •   • 行

30) 민심   •   • 告 •   • 共

31) 공공   •   • 失 •   • 白

32) 고백   •   • 民 •   • 明

5. 다음 훈음에 알맞은 한자를 쓰세요.

33) 돌이킬 반

34) 알릴 고

35) 백성 민

36) 으뜸 원

37) 함께 공

38) 머리 수

39) 먼저 선

40) 잃을 실

41) 구할 구

42) 같을 동

43) 해 년

44) 돌 회

영리한 소년 정약용

조선 정조 때 유명한 정치가로 이서구라는 사람이 있었습니다. 어느 날 북한산 기슭에 볼 일이 있어 길을 가다보니 한 소년이 나귀 등에 책을 가득 싣고 북한산 쪽으로 올라가고 있었습니다. 열흘 후 이서구가 볼일을 다 보고 집으로 가면서 다시 그 길을 지나게 되었습니다. 그런데 그 소년이 이번에는 나귀의 등에 책을 가득 싣고 산을 내려오고 있었습니다. 궁금해진 이서구는 소년에게 물었습니다.

"얘야, 넌 뭘 하는 아이냐?"
"저는 이 위에 있는 절에서 공부하고 있는 아이입니다."
"며칠 전 네가 책을 나귀의 등에 싣고 가는 걸 봤는데, 너는 책을 읽지도 않고 싣고만 다니는 게냐?"
"저는 이 책들을 벌써 다 읽었습니다."

소년의 말에 이서구는 깜짝 놀랐습니다. 나귀의 등에 실린 책들은 '강목'이라는 책으로 무척 어려운 책이었기 때문입니다.

"그래, 열흘만에 그 책을 다 읽었단 말이냐?"
"욀 수도 있습니다."

이서구는 소년이 거짓말을 하고 있는 것이라 생각하고 책 중에서 한 권을 뽑아들며 말했습니다.
"자, 내가 묻는 말에 대답해 보아라."

이서구가 책에 실린 내용을 물어보자 소년은 막힘없이 술술 대답했습니다. 이서구는 놀라움을 금치 못했습니다.

"열심히 공부해서 나라의 큰 일꾼이 되어 다오."

이서구가 머리를 쓰다듬으며 칭찬한 이 소년이 조선 시대의 유명한 실학자 정약용입니다.

- 정약용(丁若鏞, 1762~1836) : 호는 다산(茶山)이며 어릴 적부터 시재(詩才)에 뛰어나 사실적이며 애국적인 작품을 남겼습니다. 우리 나라의 역사, 지리에 관하여도 주체적 사상을 지녔으며 합리주의적 과학 정신을 지닌 정치가였습니다. 《목민심서》《경세유표》《흠흠신서》 등을 남겼습니다.

형성평가 EE단계 8회

[1] 왼쪽의 훈음에 알맞은 한자를 쓰세요.

1. 훈: 같을
   음: 동

2. 훈: 일천
   음: 고

[2] 다음 물음에 답하세요.

3. 다음 한자와 음이 바르게 연결되지 않은 것을 고르세요.
   ① 失 - 명   ② 求 - 구   ③ 元 - 원   ④ 年 - 년

4. 다음 한자와 훈이 바르게 연결된 것을 고르세요.
   ① 反 - 집을   ② 共 - 함께   ③ 省 - 그림   ④ 回 - 인할

5. 다음 빈 칸에 알맞은 한자와 음을을 쓰세요.

 → 出 →

6. 다음 설명에 알맞은 한자를 쓰세요.

두 손으로 물건을 들고 있는 모양을 본떠 만든 한자로 함께, 공동을 뜻하는 한자입니다.

[3] 다음 한자어의 음을 쓰세요.

7.  同生

8.  告白

9.  元金

10.  先山

다음 빈 칸에 공통적으로 들어갈 한자를 [보기]에서 찾아 쓰세요.

[보기] 元   民   求   共

11. 일[ ] / [ ]금 / [ ]대
12. [ ]동 / 공[ ] / [ ]생
13. 심력 / [ ]인 / [ ]요

다음 물음에 답하세요.

14. '아주 어리지도 않고 완전히 자라지도 않은 남자 아이'를 뜻하는 한자어를 고르세요.
   ① 一年   ② 夫言   ③ 先生   ④ 少年

15. '시에 살고 있는 사람'을 뜻하는 한자어를 고르세요.
   ① 市民   ② 忠告   ③ 同生   ④ 夫手

16. 夫手의 알맞은 뜻풀이를 고르세요.
   ① 아우와 손아랫누이를 통틀어 일컫는 말   ② 백성의 마음
   ③ 부주의로 잘못을 저지름   ④ 눈이 어두워짐. 시력을 잃음

다음 [보기]에서 알맞은 한자어를 찾아 쓰세요.

[보기] 同行   忠告   求心力   國民

17. 구 [ ] 심 [ ] 력 [ ]

18. [ ] 고 / [ ] 충

19. 국 [ ] 민 [ ]

20. [ ] 행 / [ ] 동

평가 결과 및 향후 진도

정답 수	평가 결과 및 향후 진도
16~20문항	잘했어요. E3집 9호로 진행하세요.
11~15문항	부족해요. 틀린 문제의 한자를 다시 학습한 후 E3집 9호로 진행하세요.
10문항 이하	많이 부족해요. 이번 호를 복습한 후 다음 호로 진행하세요.

同	求	失	反
같을 동	구할 구	잃을 실	돌이킬 반

告	共	首	民
알릴 고	함께 공	머리 수	백성 민

元	先	年	回
으뜸 원	먼저 선	해 년	돌 회

同 求 失 反

告 共 首 民

元 先 年 回

E단계 8호 해답

113a	1. 같을 동	2. 구할 구	3. 잃을 실
	4. 돌이킬 반	5. 알릴 고	6. 함께 공
113b	7. 머리 수	8. 백성 민	9. 으뜸 원
	10. 먼저 선	11. 해 년	12. 돌 회
114a	1. 같을, 동	2. 구할, 구	
	3. 잃을, 실	4. 돌이킬, 반	
114b	1. 口, 같을, 동	2. 구할, 구	
	3. 잃을, 실	4. 돌이킬, 반	
115a	1. 알릴, 고	2. 함께, 공	
	3. 머리, 수	4. 백성, 민	
115b	1. 牛, 口, 알릴, 고	2. 함께, 공	
	3. 머리, 수	4. 백성, 민	
116a	1. 으뜸, 원	2. 먼저, 선	
	3. 해, 년	4. 돌, 회	
116b	1. 으뜸, 원	2. 먼저, 선	
	3. 해, 년	4. 돌, 회	
118a	실수, 동행, 반성, 구인		
118b	1. 동생, 합동	2. 求人, 구심력	
	3. 실명, 失言	4. 反面, 반	
119a	충고, 시민, 수제자, 공동		
119b	1. 고백, 原告	2. 공생, 공공	
	3. 首, 自首	4. 國民, 민심	
120a	하회, 선생, 청년, 원일		
120b	1. 원일, 元金	2. 先山, 先王	
	3. 靑年, 소년	4. 하회, 回	
121a	回, 반면, 失		
121b	자수, 고백, 元來		
125b	① 共	② 民	③ 同
	④ 求, 力	⑤ 首	⑥ 首, 子
	⑦ 告	⑧ 告, 白	

126a	1. 來日	2. 선생	
126b	1) 돌이킬 반	2) 알릴 고	3) 함께 공
	4) 먼저 선	5) 같을 동	6) 잃을 실
	7) 해 년	8) 으뜸 원	9) 돌 회
	10) 구할 구	11) 머리 수	12) 백성 민
	13) 同 14) 求 15) 失 16) 反 17) 告		
	18) 共 19) 首 20) 民 21) 元 22) 先		

127a

127b 33) 反 34) 告 35) 民 36) 元 37) 共
38) 首 39) 先 40) 失 41) 求 42) 同
43) 年 44) 回

형성평가

1. 同
2. 告
3. ①
4. ②
5. 首, 머리 수
6. 共
7. 동생
8. 고백
9. 원금
10. 선산
11. 元
12. 共
13. 求
14. ④
15. ①
16. ③
17. 國民
18. 忠告
19. 求心力
20. 同行

펴낸이 : 정지향
펴낸곳 : (주)기탄교육
기획·편집·디자인 : 기탄교육연구소
주소 : 06698 서울특별시 서초구 효령로 40 기탄출판센터
등록 : 제2000-000098호
전화 : (02) 586-1007
팩스 : (02) 586-2337

※서점에 갈 시간이 없거나 구하기 어려운 분은 인터넷 또는 전화로 신청하세요. 즉시 우송해 드립니다.
● www.gitan.co.kr

ⓒ (주)기탄교육 All rights reserved.
저작권자의 동의 없이 본 교재를 무단으로 복제하거나 전재하는 것을 금합니다.

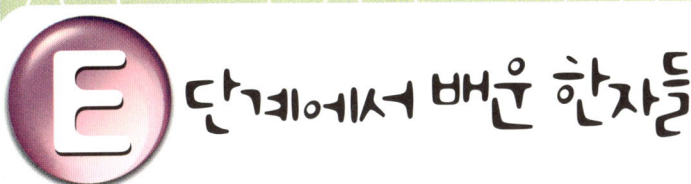
E단계에서 배운 한자들

기획·편집·디자인 기탄교육연구소
주소 06698 서울특별시 서초구 효령로 40 기탄출판센터 | **전화** (02) 586-1007 | **팩스** (02) 586-2337
ⓒ (주)기탄교육 All rights reserved. 본 교재의 저작에 관한 모든 권리는 (주)기탄교육에 있습니다. 저작권자의 동의 없이 본 교재를 무단으로 복제하거나 전재하는 것을 금합니다.